für Rosa ❤ Rudra

Jane Rays Buch
von Liebe
und Freundschaft

Für Teresa und James
G. M.

Für David, Clara, Elly und Joe
J. R.

Die Deutsche Bibliothek – CIP Einheitsaufnahme
Ein Titelsatz für diese Publikation ist bei
Der Deutschen Bibliothek erhältlich

Aus dem Englischen von Anita Jörges-Djafari

Die Originalausgabe erschien 2000 unter dem Titel
The Orchard Book of Love and Friendship bei Orchard Books,
96 Leonard Street, London EC2A 4XD
Copyright Text © Geraldine McCaughrean 2000
Copyright Illustrationen © Jane Ray 2000
Alle Rechte vorbehalten

Deutsche Ausgabe
Copyright © 2001 Gerstenberg Verlag, Hildesheim
Alle deutschen Rechte vorbehalten
Satz: Fotosatz Ressemann, Hochstadt
Printed in Singapore
ISBN 3-8067-4932-9

Jane Rays Buch
von Liebe
und Freundschaft

Text: Geraldine McCaughrean
Illustrationen: Jane Ray

Aus dem Englischen
von
Anita Jörges-Djafari

Gerstenberg Verlag

Inhalt

Die Erste Familie   11

Antonius und Kleopatra   17

Hero und Leander   27

Unverzeihlich   38

Tristan und Isolde   44

Die Geschichte vom Weidenmuster   59

Mein Bruder Jonathan   65

Harlekin und Kolumbine und auch Pierrot   74

Salomons Schwert   76

Persephone und der Fluss der Liebe   82

Der Tod des Todes   90

Romeo und Julia   98

Der Palast der Liebe   105

Über die Geschichten   108

Die Erste Familie

Die Welt, die Gott geschaffen hat, ist groß und unübersichtlich. Zwischen den weiten Meeren, dem Gestrüpp der Dornbüsche und den dichten Wäldern findet man nicht gleich alles. Am Anfang, als erst drei Menschen auf der ganzen Welt lebten, wussten die nicht einmal voneinander. Und auch wenn das keinesfalls Gottes Wille war, fühlten sie sich doch alle drei sehr einsam.

Erster Mann Montag, der Holzfäller, war so einsam, dass er zu schnitzen begann: eine Hand, einen Fuß, ein Gesicht. Er schnitzte das Abbild einer Frau – obwohl er noch nie eine gesehen hatte – und war höchst erfreut über das Ergebnis. Er stellte die Figur an seinem Haus auf und polierte das Ebenholz mit einem Grasbüschel.

»Gut«, sagte er, reinigte seinen Beitel und ließ den Blick über die Arme, die Beine, die Brust schweifen. »Ausgezeichnet.«

Die Tage vergingen, und jedes Mal, wenn der Holzfäller kam oder ging, begeisterte er sich mehr für sein Werk. »Allerliebst«, sagte er, wenn er daran vorbeiging. »Wirklich schön!« Und er fuhr mit den Fingerspitzen über die Stirn und die kleine flache Nase.

Die hölzerne Frau bereitete ihm so viel Freude, dass er sie auf eine Lichtung mitnahm. So konnte er sie ansehen, während er Holz fällte. Ihr Anblick verursachte ihm mittlerweile Schmerzen in der Brust: nicht direkt unangenehm, eher eine Art wohltuendes Ziehen. Er nannte sie Sela und plauderte mit ihr, wenn er arbeitete; und schon bald fühlte er sich gar nicht mehr so einsam, nein, eigentlich kaum noch.

Aber da er seine Statue so offen herumstehen ließ, konnte sie jeder sehen, der zufällig vorbeikam. Tatsächlich kam eines Tages im Morgengrauen Zweiter Mann Dienstag vorbei, als Erster Mann Montag noch im Bett lag. Der Anblick der Schnitzerei traf ihn völlig unvorbereitet, und seine Gefühle gerieten in großen Aufruhr.

»Oh, du wunderschönes Ding!«, rief er und rannte aufgeregt herum, so außer sich, dass er kaum wusste, was er tat. Er zog seinen Umhang aus und hängte ihn der Statue um, damit sie nicht länger nackt sei. Er pflückte Blumen und wand daraus einen Kranz für ihren Kopf, er suchte Muscheln am Strand und fertigte daraus Ketten für ihren Hals, und er machte ein Feuer in ihrer

Nähe, damit sie es warm habe. Dann streifte er weit umher auf der Suche nach Federn und Samen und allem, was er finden konnte, um seine schöne Statue zu schmücken. Denn er nahm an, dass Gott sie für ihn da hingestellt hatte und die Statue für ihn gedacht war.

Während er wieder einmal unterwegs war, sah Erste Frau Mittwoch den Rauch des Feuers und wollte nachsehen, woher der wohl kam. Als sie die Lichtung betrat und die so umhüllte und geschmückte Statue sah, glänzend wie ein See im Mondlicht, da eilte sie mit ausgebreiteten Armen und einem noch breiteren Lächeln auf sie zu.

»Noch ein Mensch! Eine Gefährtin! Eine Freundin für mich in meiner Einsamkeit. Gott sei gedankt!« Doch als sie die Wange küsste, war diese kalt, die Hand, die sie drückte, war steif. Alles nur Holz. Keine Worte im Mund, kein Hören in den Ohren, kein Sehen in den dunklen Augen.

Erste Frau Mittwoch war furchtbar enttäuscht. Sie umfing die Figur mit ihren Armen, sank vor ihr auf die Knie. »Ach hättest du nur Leben in dir, du liebes Mädchen! Könnte ich dich doch als Freundin haben, dann müsste ich nicht länger einsam und allein leben in dieser großen weiten Welt!«

Die Blätter an den Bäumen zitterten. Das Meer zeichnete ein neues Muster in den Strand.

Die Frau hob die Statue hoch – sie musste dafür ihre ganze Kraft aufbringen – und trug sie mit sich fort, hinunter zum Meeresstrand, wo sie lebte. Als sie endlich dort ankam, war sie erschöpft und legte sich in den Sand, die schöne Statue hielt sie in den Armen, ihre Wange schmiegte sich an das Haar aus Ebenholz.

Das Meer schlug hohe Wellen, und die Blätter an den Bäumen verschluckten das Tageslicht, die Nacht brach herein.

Am nächsten Morgen machte sich Montag wie immer auf den Weg zur Arbeit. Aber als er zur Lichtung kam, war seine geliebte Schnitzerei verschwunden. Er heulte auf vor Wut und folgte den Spuren des Diebes durch das Buschwerk.

Der junge Dienstag, der gerade vom Perlentauchen an den weit entfernt gelegenen Austernbänken zurückgekommen war, entdeckte ebenfalls, dass seine geliebte Statue verschwunden war. Er tobte vor Ärger und folgte der gut sichtbaren Spur durch das Dickicht hinunter zum Meer.

Mittwoch erwachte an ihrem Strand, als plötzlich zwei Männer hinter den Bäumen hervorkamen und schreiend und mit den Fäusten drohend auf sie zu rannten. Es war schon verblüffend genug, dass sie nicht allein auf der Welt war ... Aber noch verblüffender war, dass in ihren Armen ein Mädchen lag.

Ihr Gebet war erhört worden – die Ebenholzstatue hatte sich in lebendiges Fleisch und Blut verwandelt, in Haare und Lächeln und Reden. Und wenn sie vorher schon wunderhübsch gewesen war, dann war Sela jetzt schön genug, um selbst das Eis der Antarktis zum Schmelzen zu bringen.

»Sie gehört mir!«, sagte Erster Mann Montag und nahm sie bei der Hand. »Ich liebe sie.«

»Sie gehört mir!«, sagte Zweiter Mann Dienstag und trommelte mit den Fäusten auf den Älteren ein. »Ich liebe sie.«

»Sie gehört mir!«, sagte Erste Frau Mittwoch, biss die beiden in Knöchel und Finger und hielt das Mädchen ganz fest. »Ich liebe sie.«

»Sollten wir nicht Gott fragen?«, flüsterte Sela, an deren Haaren fest gezogen und deren Kleidung zerrissen wurde.

Also fragten sie Gott, und Gott sprach, während das Meer den Atem anhielt und die Blätter an den Bäumen sich nicht zu bewegen wagten:

»Du, Montag, sollst der Vater des Mädchens sein, denn sie war deine Idee.«

»Sie gehört mir, wie ich schon sagte!«, erklärte Montag stolz.

»Du, Mittwoch, sollst die Mutter des Mädchens sein«, sagte Gott, »denn du hast ihr das Leben geschenkt.«

»Sie gehört mir!«, sagte Mittwoch glücklich seufzend. »Ich wusste es.«

»Und du, Dienstag, sollst der Ehemann des Mädchens sein, denn du hast für sie gesorgt und dich ihrer in jeder Hinsicht angenommen.«

»Oh!«, rief Dienstag aus und klatschte in die Hände, denn das Herz wollte ihm überlaufen vor Glück.

»Oh!«, sagte Sela und begann sofort, sich um ihren Mann zu kümmern – sie holte Wasser für ihn, kochte ihm Fisch und fächelte ihm mit einem Palmwedel Luft zu.

Montag half Mittwoch aufzustehen und bürstete den Sand aus ihrem Haar. Vom Meer her wehte ein kalter Wind, und er legte seinen Umhang auch um sie.

Obwohl die Erste Familie auf der großen weiten Welt noch immer ganz allein war, fühlte sie sich doch nicht mehr so einsam. Und mit ihren Kindern und Kindeskindern, Heranwachsenden und Säuglingen füllte sich die Welt in kürzester Zeit. Zu schnell, denkt Gott manchmal, wenn er versucht, etwas Schlaf zu bekommen.

Antonius und Kleopatra

Damals, als das Römische Reich sich weit in alle Teile dieser Welt erstreckte, wollte Antonius selbst die goldenen Landschaften Ägyptens besuchen. Er hatte die Macht in Rom übernommen, und dazu gehörte auch Ägypten mit all seinen Reichtümern.

Natürlich waren bereits andere römische Feldherren dort gewesen. Bei ihrer Heimkehr hatten sie von märchenhaften Schätzen und verschwenderischem Luxus berichtet, aber vor allem hatten sie von Königin Kleopatra gesprochen. Sie sagten, sie sei die schönste Frau der Welt und sie sei auch die raffinierteste. Wie eine Natter würde sie sich in das Herz eines Mannes schlängeln und sich so fest daran heften, dass nur noch der Tod ihn befreien könnte.

Antonius sah sein Herz nicht in Gefahr. Kleopatra war schließlich nicht mehr jung, und Antonius hatte bereits eine Frau. Er wollte einfach nur einen entfernten Winkel seines Reiches besuchen und sich ein Bild machen von der besiegten Königin.

Als er sie zum ersten Mal sah, kam sie in einer goldenen und reich mit Amoretten verzierten Barke angefahren, deren duftende Segel sich im Wind blähten. Ihr Anblick traf einen jeden ins Herz, und genau das hatte sie beabsichtigt.

»Das ist ja eine schöne Inszenierung«, murmelte Antonius in sich hinein, doch sein Herz schlug schneller, und er spürte eine Art Zauberkraft, die sich auf seine Augenlider senkte. Kaum hatten sich ihre Blicke getroffen, hatte ihnen die Liebe auch schon den Verstand geraubt. Kleopatra und Antonius waren einander sofort zugetan – es war um sie geschehen.

Rom und sein Zuhause waren für Antonius bedeutungslos geworden. Die Süße, die er auf Kleopatras Lippen kostete, nahm ihm jedes Verlangen, Ägypten wieder zu verlassen. Sie liebte ihn, und er liebte sie. Was ist falsch an wahrer Liebe? Nichts – außer dass Antonius in Rom bereits eine Frau hatte und Rom auf sein Oberhaupt und seinen bedeutendsten Feldherrn nicht verzichten konnte.

In seinem tiefsten Inneren wusste Antonius, dass er woanders gebraucht wurde. Ein Teil von ihm wollte sich befreien. Doch es bedurfte erst eines Briefes von zu Hause, der ihn wie eine Ohrfeige wachrüttelte.

»Fulvia ist tot«, las er laut, der Brief zitterte in seiner Hand.

»Deine Frau?« Kleopatra streckte sich wie eine Katze.

»Sie hat versucht, in Rom die Macht zu übernehmen. Die Leute sagen, ich sei ihr Verbündeter. Die Stadt ist in Aufruhr. Ich muss sofort zurück! Ich muss!«

Kleopatra ließ ihn gehen, ohne zu murren. Immerhin schwor er, dass er zurückkommen würde, und wenn er wiederkäme, wäre er Witwer und könnte sie heiraten. Nachdem er fort war, verbrachte sie die langen trüben Tage mit Träumereien, schrieb Liebesbriefe und schmiedete Pläne für den Tag, an dem sie und Antonius wieder zusammen wären.

Antonius fiel mit der Kraft eines Löwen in Rom ein, schlug den Aufstand nieder, zerstreute die Gerüchte und gewann das Vertrauen des Volkes wieder für sich, das herbeischwärmte, um ihn zu sehen.

Doch Antonius regierte Rom trotz seiner großen Macht nicht allein. Er teilte sich die Herrschaft mit einem anderen Mann – Oktavian. Die beiden hätten unterschiedlicher nicht sein können. Oktavian war ein nüchterner und strenger Mann. Er verachtete Antonius wegen seiner »kleinen ägyptischen Romanze«. Sie hatte die Freundschaft zwischen ihnen zerstört. Aber ihrem Land zuliebe mussten die »Kaiserbrüder« versuchen, miteinander auszukommen.

»Gäbe es nur etwas, das uns in echter Bruderschaft verbinden würde!«, sinnierte Oktavian und beobachtete Antonius mit kalt glitzernden Augen.

Währenddessen träumte sich Kleopatra in Ägypten durch die Tage und

lechzte wie eine Verdurstende nach einer Botschaft von Antonius, wann er nach Ägypten zurückkehren und sie heiraten würde. Und plötzlich gab es Nachrichten! Ein staubiger, atemloser Läufer überbrachte einen Brief mit Antonius' Siegel darauf. Nachrichten von Antonius! Aber wovon schrieb er? Von einer neuen Frau?

Antonius hatte Oktavians Schwester geheiratet. Es war natürlich eine politische Verbindung: ein öffent-

liches Zurschaustellen der Einigkeit zwischen Oktavian und Antonius, um die verzwickte politische Lage in Rom zu stabilisieren. Aber Kleopatra sah das nicht in diesem Licht. Sie sank auf ihren ägyptischen Thron und heulte wie ein Hund, knurrte und schnappte nach jedem, der in ihre Nähe kam.

Sie schickte eigene Boten aus, um etwas über jene Oktavia herauszufinden. Jeder, der zurückkehrte und schwor, dass Oktavia plump, unscheinbar, kalt und nicht liebenswert sei, wurde mit Gold belohnt. Ganz jedoch glaubte sie den Worten, die ihre Kundschafter ihr pflichtschuldig sagten, nicht.

Sie hätte sich nicht zu sorgen brauchen. Oktavia war weder plump noch unscheinbar, aber auch keineswegs die Frau, die Kleopatra aus Antonius' Träumen in der Nacht vertreiben konnte. Eine respektable arrangierte Ehe ohne Liebe konnte einem Vergleich mit seinen Tagen und Nächten am Nil nicht standhalten. Bereits wenige Wochen später sehnte sich Antonius wieder nach seiner ägyptischen Königin. Er konnte ihr nicht auf Dauer fernbleiben.

Schon lange suchte Kaiser Oktavian nach einem Vorwand, um einen Krieg gegen Antonius anzuzetteln. So bereitete es ihm größtes Vergnügen, seiner Schwester – arme, ungeliebte Oktavia – zu berichten, dass Antonius zurück nach Ägypten geflüchtet war, zu Kleopatra. »Sie haben jetzt Kinder, weißt du? Er krönt sie zu ›Königen der Welt‹, verschwendet die Schätze Roms an sie und dieses Krokodil vom Nil.« Auch wenn er seiner unglücklichen, betrogenen Schwester Mitleid und Verständnis vorgaukelte, erfüllten ihn ihre Tränen doch heimlich mit Entzücken. Jetzt hatte er seinen Vorwand. Jetzt konnte er Antonius den Krieg erklären! Nur noch einen Schritt war er davon entfernt, alleiniger Herrscher über die ganze Welt zu sein. Keine geteilte Macht mehr: Oktavian wollte alles.

Aber was kümmerte das Kleopatra? Antonius war wieder bei ihr, und ihr Antonius konnte die Sterne vom Himmel holen. Er vermochte jeden Feind, der sich ihm entgegenstellte, zu bezwingen! Er konnte die Welt allein regieren, von einem ägyptischen Thron herab! Mitten im heißen glänzenden Ägypten, wo die Sonne so hell scheint, dass man seine Augen nicht ganz öffnen kann, begann auch Antonius, daran zu glauben. Er glaubte jetzt alles, was Kleopatra über ihn sagte, und er verhielt sich, als sei er unbesiegbar.

Die Armee, die er zusammenstellte, bestand aus Bauern und Handwerkern, und als Oktavian eine Flotte gegen ihn sandte, war Antonius entschlossen, ihn auf dem Meer zurückzuschlagen.

»Tun Sie das nicht, Herr«, flehte sein Offizier. »Seine Schiffe sind leicht und schnell – die Ihren sind unbewegliche Kolosse, und Ihre Männer sind keine Seeleute!«

»Aber ich habe sechzig Boote«, prahlte Kleopatra übermütig, als ob diese allein eine unbezwingbare Kriegsflotte ersetzen könnten. Antonius' Soldaten nahmen mit Verwunderung zur Kenntnis, dass ihr Oberbefehlshaber

sich von dieser Frau zu einem so gewagten Unternehmen verleiten ließ.

Ihre Befürchtungen erwiesen sich als sehr berechtigt. Mitten in der Schlacht verlor Kleopatra alle Zuversicht und floh: Ihre sechzig Schiffe bahnten sich einen Weg zwischen Antonius' Flotte hindurch und waren verschwunden. Auf die Verwirrung folgte Panik. Aber das Schlimmste war, dass Antonius, in seiner Leidenschaft für Kleopatra, völlig den Kopf verlor und ihr willenlos folgte. Es war eine totale Niederlage.

Antonius' Ärger über Kleopatra wurde nur noch von seiner Abscheu vor sich selbst übertroffen. Sein Ruf, seine Ehre, seine Selbstachtung waren zerstört. Wie ein Tier in der Falle versuchte er, sich von seiner besessenen Liebe zu befreien – aber es gelang ihm nicht. Kleopatra brauchte nur zu weinen und ihn zu bitten, ihr alles zu verzeihen. Sie brauchte ihn nur zu küssen, und sein Mut und seine gefährliche Selbstsicherheit kehrten zurück.

»Oktavian mag mich vielleicht auf dem Meer schlagen. Aber glaubt er wirklich, er kann mich auch zu Lande bezwingen?« Antonius hielt wieder alles für möglich, denn Kleopatra glaubte an ihn.

Die Kämpfe gingen weiter, eine Schlacht folgte der anderen. Es war ein einziges Chaos, geprägt von Missverständnissen. Das Licht – dieses blendende ägyptische Sonnenlicht – täuschte seine Sinne, und Antonius glaubte zu sehen, wie sich Kleopatras Kohorten dem Feind unterwarfen.

Hatte Kleopatra ihn verraten?

Der Gedanke machte ihn so rasend, dass Kleopatra um ihr Leben laufen musste.

»Folgt mir!«, schrie sie ihren Dienerinnen zu. »Er ist verrückt geworden! Er wird uns alle umbringen!« Sie rannten über den stechend heißen Mittagssand zu der winzigen Tür und eine pechschwarze Treppe hoch, die sich innerhalb der gigantischen Statue einer Sphinx emporwand. Die Sphinx saß immer wachend neben dem Palast, ihr gemeißeltes Haupt halb so hoch wie die Sonne, und knurrte das Meer an. Zwischen ihren Pranken, in einer Kammer hoch über der sie umgebenden Wüste, beklagte Kleopatra den Verlust von Antonius' Liebe. »Meine Dienerinnen, wie kann ich ihn zur Vernunft bringen? Was muss ich tun, damit Antonius mich wieder liebt?«

In ihrer Panik verfiel sie auf eine letzte verzweifelte List. »Sagt ihm, ich sei vor Kummer gestorben. Dann wird es ihm Leid tun! Und er wird mir vergeben!« Was, hatte sie geglaubt, würde er tun, dieser von der Schmach der Niederlage verrückt gewordene Mann? Zu spät kam ihr die Einsicht, welche Wirkung ihre Worte wirklich auf Antonius ausüben würden. Sie sandte eine zweite Botschaft und erklärte ihm ihre niemals endende, unsterbliche Liebe, und sie sagte dem Boten: »Geh schnell. Es wird so kalt über meinem Herzen. Ich habe plötzlich große Angst. Lauf!«

Doch es war zu spät. Der Bote traf einen völlig veränderten Antonius an. Mit einer Schulter lehnte er an der Wand, seine Knie hatte er an die Brust

hochgezogen, so lag er reglos in einer roten Lache, das blutverschmierte Schwert in einer Hand. Das Lächeln auf seinem Gesicht war seltsam verzerrt.

»Ich habe Millionen Männer in der Schlacht geschlagen!«, flüsterte er. »Aber ich schaffe es nicht mich selbst zu töten?« Er befand sich in einem Zustand zwischen Leben und Tod.

Seine Männer trugen ihn zu Kleopatras Versteck – der Sphinx. Die kleine Tür war verschlossen, der Schlüssel war in der Dunkelheit weggeworfen worden und verloren gegangen. Mit Tüchern und Seilen mussten sie Antonius nach oben ziehen, damit er in den Armen Kleopatras sterben konnte.

Sie fühlte, wie seine Seele zwischen ihren Fingern zerrann, leicht wie Wüstensand, und dann gab es nichts mehr auf dieser Welt, was für sie zählte.

»Antonius tot?« Die Worte trafen Oktavian wie ein Schwerthieb. Ihm kamen tatsächlich Tränen, denn alles, was er gewollt hatte, war, Antonius zu besiegen und zu stürzen. Wie Kleopatra hatte er ihn als unsterblich, unzerstörbar angesehen, zu groß, als dass ihn der Tod einfach so verschlingen könnte, ohne sich zu verschlucken. Gemeinsam hatten sie die Welt zusammengehalten. Wenn einer von ihnen fiel, dann konnte auch der andere fallen. Antonius rief Oktavian zu sich – ins Grab, wo auch die mächtigsten Männer der Welt bedeutungslos werden.

Nichts. Es gab nichts Bewundernswürdiges oder Besonderes mehr in Kleopatras Leben. So hörte sie nur mit halbem Ohr hin, als Oktavian ihr vom Fuße der Sphinx aus zurief: »Ergib dich! Du hast nichts zu befürchten!«

Seine Versprechen hallten wider in dem großen steinernen Monument. Der gesunde Menschenverstand sagte Kleopatra, wenn Oktavian sie gefangen nähme, dann würde er sie als seine eroberte »Ägypterin« durch die Straßen von Rom

treiben und alle ihre Kinder umbringen lassen. Kleopatra traf eine Entscheidung. Diesen Rachefeldzug würde sie ihm nicht gönnen. Sie würde sterben, so wie Antonius gestorben war, dann wären sie beide endlich für immer vereint.

Kleopatra kleidete sich in prächtige königliche Gewänder, setzte sich zwischen die riesigen Pranken der reglosen Sphinx, legte sich eine giftige Natter an die Brust und wiegte sie wie ein Baby. Eine Weile musste sie warten, bis die Schlange zubiss.

Der Tod kam sanft, ohne Schmerzen, und ihre treuen Dienerinnen folgten ihr gehorsam auf dem gleichen Weg – in den schattigen Lotushain des Lebens nach dem Tod. Sie vernahmen schon das Flüstern der wiedervereinten Liebenden.

Hero und Leander

*H**ero war geschaffen* für die Liebe. Das heißt, sie war geschaffen für die Göttin der Liebe. Ausgebildet als Priesterin der Aphrodite, verbrachte sie ihre Tage mit dem Herrichten der Altäre und heiligen Lampen in einem Tempel an den Ufern des Hellespont. Liebende, die sich gegenseitig tief in die Augen sahen, schüchterne, einsame Jünglinge, fröhliche Witwen, Eltern plumper, unansehnlicher Töchter strömten herbei, von morgens bis abends, und hofften auf die Hilfe der Göttin der Liebe und das Geschenk ewigen Glücks. Hero sah sie alle kommen und gehen, sie sah viele, deren Wünsche in Erfüllung gingen, viele Bräute legten aus Dankbarkeit ihren Brautstrauß zu Füßen der heiligen Statue Aphrodites. Aber für Hero war solch ein glückliches Ende nicht vorgesehen. Sie war Priesterin im Tempel der Göttin, und Priesterinnen heiraten nicht, tanzen und plaudern nicht und halten sich auch nicht in Gesellschaft junger Männer auf. Ihr Leben ist den Gottheiten gewidmet. Hero verbrachte ihre Tage im Tempel und ihre Nächte in einem hohen Turm dahinter, direkt am Meeresufer, einsam wie jeder Leuchtturmwärter. Sie war aber nicht unglücklich. Nachts hörte sie, wie das Meer ein- und ausatmete, geradeso, als befinde sich jemand neben ihr in der Dunkelheit.

Doch wie das Licht des Leuchtturms weit über das Wasser getragen wird, so verbreitete sich auch die Nachricht von Heros Schönheit in alle Lande. Schon bald kamen neben den Liebenden und Eltern und liebeskranken Jünglingen auch Reisende, nur um die schöne Priesterin Hero anzusehen.

Leander war einer von ihnen. Zum jährlichen Fest der Aphrodite segelte er von seiner Heimat Abydos über den Hellespont nach Sestos, um den

Tempel der Liebesgöttin aufzusuchen. Obwohl er weiße Lilien mitbrachte, um sie der Göttin zu Füßen zu legen, und seine Gebete sprach wie ein ergebener Gläubiger, hatte er nur Augen für die Priesterin, die sich zwischen den Tempelbesuchern so anmutig bewegte wie ein Schwan, der durch Seegras gleitet. Er sah sie an – und plötzlich betete er nur noch darum, sie besitzen zu dürfen. Hero bemerkte, dass er sie anschaute, und obwohl sie tief errötete, sah sie nicht weg.

Hoch oben auf ihrem Sockel sah Aphrodite die Blicke, die sich Hero und Leander zuwarfen, und auch wenn sie manchmal eine eifersüchtige Göttin sein konnte, bemerkte sie doch den Funken wahrer Liebe, und sie gab den beiden ihren Segen. Die Betenden schworen später, sie hätten gehört, wie die riesige weiße Statue ein Seufzen von sich gegeben hatte – ein zärtliches Seufzen voller Mitgefühl. Leander schenkte der Priesterin seine Lilien.

»Ich muss dich sehen. Allein!«, flüsterte er zwischen weißen Blütenkelchen.

»Das geht nicht«, flüsterte Hero zurück. »Ich darf nicht allein mit jungen Männern sprechen!«

Doch Leander ließ sich nicht entmutigen. »Ich werde heute Nacht zu dir kommen. In deinen Turm.«

»Nein! Man wird dich sehen!«

»Nicht, wenn ich hinüberschwimme«, lachte er.

»Den Hellespont durchschwimmen? Das ist nicht zu schaffen!«

»Für dich schaffe ich alles.«

Ihr Blick fiel auf seine breiten Schultern, die starke Brust. Doch, er könnte es schaffen. Aber in der Dunkelheit, draußen auf dem Meer, kann man leicht die Orientierung verlieren.

»Ich werde ein Licht anzünden, um dir die Richtung zu weisen«, sagte sie.

Dann zog eine singende und tanzende Prozession durch den Tempel, und sie wurden voneinander getrennt.

In dieser Nacht stand Hero auf dem Dach ihres Turms und blickte hinaus auf die Meerenge. Der Hellespont ist nur ein Kanal mit Salzwasser – ziemlich schmal, weiß Gott, verglichen mit den beiden angrenzenden Meeren. Und doch reicht er aus, um zwei Kontinente zu trennen, zwei Völker und zwei ganze Imperien, aber nicht zwei verzweifelte Liebende. In dieser Nacht lag die See ruhig und leuchtend da, gesprenkelt von den Farben der untergehenden Sonne. Hero glaubte fast, sie könne selbst hindurchschwimmen. Aber ach! Das ferne Ufer war kaum auszumachen. Würde Leander wirklich die ganze Strecke schwimmen? Oder hatte er einfach nur geprahlt?

Das Meer färbte sich erst violett, dann schwarz. Hero zündete eine Pechfackel an. Sie leuchtete hell und brannte mit ruhigem Schein. Fünf Kilometer entfernt, am Strand der Stadt Abydos, stand Leander bereits knietief im sommerwarmen Wasser und wartete auf das Zeichen. Würde Hero ihm wirklich die Richtung weisen, oder hatte sie es sich inzwischen anders überlegt und lehnte seinen ungebührlichen

Wunsch ab? Als er das Flackern des Lichts am Horizont bemerkte, warf er sich in die Fluten. Er hatte keine Angst vor dem Meer, und in ihm brannte ein solches Feuer, dass er kaum bemerkte, wie das Wasser immer kälter wurde, wie die Strömung an ihm zerrte und das Salz sein Haar verfilzte. Er schwamm, bis das Land hinter ihm genauso weit entfernt war wie das Land vor ihm und es kein Zurück mehr gab.

Allmählich spürte er seine Muskeln, Wasser drang ihm in Mund und Nase. Er schwamm jetzt mit ungleichmäßigen Bewegungen, und die Strömung brachte ihn immer weiter vom Kurs ab. Doch Leander heftete seinen Blick auf das flackernde Licht, und er sah Hero vor sich, wie sie nach ihm Ausschau hielt und daran glaubte, dass er es schaffte.

Schließlich fing er an zu strampeln und herumzuwirbeln. Vielleicht hatte er seine Kraft, seine Ausdauer und seine Tapferkeit überschätzt.

Dann stießen seine zappelnden Füße an Steine, plötzlich konnte er stehen und langsam ans Ufer taumeln. Noch bevor er den Strand erreicht hatte, hörte er, wie Hero ins Wasser sprang, und spürte, wie sie seinen Kopf in ihre Hände nahm.

Sie küssten sich unter der siebten Welle. Sie küssten sich am Strand. Sie küssten sich auf der Treppe ihres einsamen Turms und auf dessen Dach. Nicht sehr viel mehr als Küsse tauschten sie aus in dieser ersten Nacht – keine Worte, keine Schwüre, keine Schmeicheleien. Und doch kannten sie sich im Morgengrauen bereits besser als die besten Freunde.

Leander spürte kaum die Anstrengung, als er zurück nach Hause schwamm. Er spürte kaum die Erschöpfung am folgenden Tag, auch nicht den Schmerz in seinen müden Muskeln. Als es dämmerte, war er bereit, wieder in den glitzernden Hellespont zu springen und ihn für Hero zu durchqueren. Den ganzen Sommer lang kreuzte er die Meerenge so regelmäßig wie ein Fährschiff. Hin und zurück schwamm er und hielt Kurs mit Hilfe der flackernden Fackel, die von Heros Turm leuchtete. Selbst im Herbst, wenn strömender Regen auf das Meer um ihn herum niederging, blieb es bei den nächtlichen Treffen. Sie beide hätten die Tage nicht mehr ertragen ohne die Aussicht auf die Nacht, die Wärme der Umarmung des anderen.

Der Winter kommt um die Spitze Kleinasiens gestürmt wie ein kampfbereiter Stier. Er rollt die blaugrüne Sommeroberfläche auf wie einen alten abgetretenen Teppich und bringt Gischt und Windhosen mit.

»Komm heute Nacht nicht«, sagte Hero. Sie stand mit dem Rücken zu Leander und flocht ihr Haar zu Zöpfen.

»Warum nicht? Hast du schon genug von mir?«

Sie hob die Hände und die Zöpfe gingen wieder auf. »Natürlich nicht! Ich werde leer sein wie ein zerbrochener Krug. Aber du darfst heute Nacht nicht herüberschwimmen. Ein Sturm wird aufkommen, es ist zu gefährlich.«

»Den Sturm möchte ich sehen, der mich aufhalten könnte!«, brüstete sich Leander, wenngleich er zugeben musste, dass das Wasser jede Nacht kälter, die See bei jedem Mal, da er sie durchschwamm, rauer wurde.

»Ich werde kein Licht anzünden heute Nacht«, sagte Hero. »Dann wirst du dein Leben nicht riskieren. Was glaubst du, wie ich mich fühlen würde, wenn …«

»Ich komme auf jeden Fall!«, beharrte Leander und schob ihre Bedenken beiseite, bevor sie diese überhaupt aussprechen konnte. Sie wussten beide, was er Nacht für Nacht riskierte, obwohl sie noch nie darüber gesprochen und sich ihre sonnige Glückseligkeit davon nicht hatten trüben lassen.

»Versprich mir, dass du es nicht tun wirst! Mach mir keine Angst, indem du so etwas sagst! Wir können uns doch einen einzigen Tag gedulden. Morgen wird der Sturm vorbei sein.« Sie umschlang seinen Hals so fest, dass sie ihm schließlich das Versprechen abrang, kein Risiko einzugehen.

Aber als er sich umdrehte, um zu gehen, glaubte sie, ein schelmisches Zwinkern in seinen Augen zu sehen, sodass sie sich hinterher nicht sicher, nicht absolut sicher sein konnte, wie er sich entschieden hatte. Am nächsten Tag war sie von Zweifeln geplagt.

Tief unter ihr türmte sich die See auf, der Strand war nicht mehr zu sehen, nur ein paar große Felsbrocken, die vom Schaum gewaschen wurden. Der

Himmel schillerte bedrohlich, und die Möwen taumelten von links nach rechts, als wollten ihre Herzen versagen.

Ohne die Aussicht, ihren Geliebten zu sehen, war Hero erfüllt von Gram und düsteren Vorahnungen. Wie viele Nächte würden sie in diesem Winter noch getrennt verbringen müssen? Und wenn Leander sie nicht sah, würde er sie vielleicht vergessen – und ein anderes Gesicht könnte seine Fantasie gefangen nehmen. Konnte das Meer, das sie trennte, ihre Liebe schließlich doch auslöschen?

Hatte Leander sein Versprechen ernst gemeint, würde er es halten? Oder würde er das andere Versprechen erfüllen, das er ihr tausendmal gegeben hatte: niemals eine Nacht vergehen zu lassen, in der er sie nicht in den Armen hielt? Hero wusste nicht, was schlimmer war – dass er versuchen würde zu kommen oder dass er nicht kommen würde. Der stärker werdende Sturm ließ die Türen des Tempels klappern, die Äste der Zitronenbäume schabten an den Mauern, und grauer Regen schwappte herein.

»Er wird nicht kommen. Er könnte gar nicht kommen«, sagte sich Hero und beobachtete, zurück auf ihrem Turm, wie der Regen von dem rostigen Halter tropfte, in dem sonst immer die Fackel brannte. »Wenn ich ein Feuer entzünde, wird er es sehen und denken, dass ich ihn brauche. Und dann wird er versuchen zu kommen, was auch geschehen mag.« Der Donner brüllte sie an. »Wenn er aber tatsächlich versucht zu kommen, und ich habe kein Licht angezündet, dann wird er sich verirren!«

Von diesem Moment an fand sie keine Ruhe mehr. Die Unentschiedenheit peinigte sie wie ein Schwarm Hornissen. Sie holte die Fackel. Sie trug sie hinein. Sie befestigte sie an der Wand, konnte sie aber kaum anzünden in dem strömenden Regen und dem heulenden Wind. Keine fünf Kilometer entfernt wurde Leander gerade von einer riesigen

Woge überrollt und gab sich geschlagen. Hero würde das verstehen. Sie erwartete ihn ja auch gar nicht. Er schleppte sich ans rettende Ufer von Abydos, bis auf die Knochen durchgefroren und enttäuscht über seine Schwäche. Er wandte sich noch einmal um für einen stummen Abschiedsgruß an Hero und sandte ihr einen salzig-nassen Handkuss. Und da, wie das Zucken eines Blitzes, flackerte am weit entfernten Ufer Heros lockendes Licht. Sie erwartete also doch, dass er hinüberkäme. Und wenn sie glaubte, dass er es schaffen könnte, dann würde er es tun! Nichts würde ihn aufhalten.

Er stürzte sich ins Meer wie ein Kormoran und wurde fast bis zu den rasenden Wolken hochgeschleudert. Das Meer kam von Norden, Süden, Osten und Westen auf ihn zugerollt, und wäre nicht der Schein des Lichts gewesen, hätte er vollständig die Orientierung verloren.

Auf dem Dach ihres Turms verfluchte Hero den Sturm. Der tosende Wind schubste sie von rechts nach links, und der Regen durchnässte sie von oben bis unten, ihr Haar klebte an ihrem Kopf und ihre Kleidung auf ihrer Haut. Sie zitterte unaufhörlich. Doch sie spreizte ihren nassen Umhang wie Flügel und

schützte das Licht vor dem Wind. Es durfte jetzt nicht ausgehen! Es musste so hell und beständig brennen wie ihre Liebe zu Leander. Vielleicht war sein Blick genau in diesem Moment darauf gerichtet.

Er spürte seine Hände nicht mehr vor Kälte. Die wütende See hatte seine Rippen eingedrückt, seinen Magen mit Salzwasser gefüllt und seine Kraft fast aufgezehrt. Aber es konnte nicht mehr weit sein. Er suchte durch den Sprühnebel hindurch nach dem unsteten Flackern, nach seinem leitenden Licht.

Nichts. Er sah nur Schwärze – ein paar Sterne trotzten durch das Loch in den Wolken, aber kein Land und kein Licht waren zu sehen. Die nächste Welle warf ihn in einen Abgrund kalten schwarzen Wassers, aber tiefer noch stieß ihn die Verzweiflung hinab: Er war allein, verloren wie Treibholz in der gnadenlosen See.

Zusammengekrümmt, mit vorsichtigen Schritten gelang es Hero, eine angezündete Kerze die Treppe hinauf zum Dach und hinüber zu der rauchenden, durchweichten Fackel zu tragen. Trotz ihres klatschnassen Haars, ihrer steif gefrorenen Hände brachte Hero es fertig, die Teerfackel wieder anzuzünden und die Flamme am Leben zu erhalten, auch wenn sie am nächsten Morgen halb tot vor Kälte war.

Leander kam nicht. »Ich wusste, dass er nicht kommen würde«, sagte sie sich. »Ich hoffte, er würde nicht kommen.« Der Sturm war vorüber, und der kommende Tag versprach, noch einmal sommerlich zu werden, mit klarem blauem Himmel und hohen weißen Wolken, auch wenn das Meer noch aufgewühlt war. »Heute Nacht wird er kommen«, dachte sie, »heute Nacht wird er sicher sein.« Sie verweilte noch ein bisschen auf

dem Dach des Turms und dachte liebevoll an Leander, bevor es Zeit war, nach unten zum Tempel zu gehen und die Türen zu öffnen.

Unter ihr schäumte das Meer; es umspülte den Sockel des Turms in langen schwarzen, wie mit Brokat bestickten Schaumbändern. Hier saß eine Möwenfamilie und schaukelte auf den Wellen, dort ließ sich ein Seehund oder Otter in der Brandung treiben. Aber war das ein Otter? Sind die Gesichter von Seeottern so bleich, ihre Gliedmaßen so lang? Ruhen ihre Köpfe auf der Meeresoberfläche wie auf einem Kissen?

Leanders lebloser Körper trieb friedlich auf dem Meer, nichts erinnerte an den Kampf, den er durchgemacht hatte. Das Morgenlicht war so klar, dass Hero jede Einzelheit seines Gesichtes erkennen konnte, jede Haarsträhne, die seinen Kopf umspielte. Sie lehnte sich über die Brüstung und streckte eine Hand aus, so als könne sie ihm aus dieser Höhe das Haar aus den Augen streichen.

Sie lehnte sich nicht zu weit vor. Auch stolperte sie nicht. Sie trat ganz absichtlich hinaus in die freie, dünne Luft. Weit unten wartete das Meer Hero aufzufangen, so wie es Leander umfangen hielt. Wie Seevögel, die ihre Nester auf den Wellen bauen, würden die beiden Liebenden von jetzt an in der wogenden Welt der unendlichen Meere wohnen – der Welt des Wassers und der Fische, des lachenden Gurgelns und des grünen ewigen Friedens.

Unverzeihlich

»Hierher, Gelert! Hierher, mein Junge! Bei Fuß! Komm, Gelert, komm!« Prinz Llewellyn rief und pfiff, doch sein Wolfshund kam nicht. Ein Dutzend andere Hunde tollte zwischen den Beinen seines Pferdes herum, sie hechelten und kläfften, ihr Atem dampfte in der kalten Luft. Aber ohne Gelert wollte er nicht aufbrechen, ohne seinen besten, seinen Lieblingshund. Gelert war schneller als jeder andere Hund, den er je besessen hatte. Er hatte eine so gute Nase, dass er einen Keiler oder einen Hirsch sogar durch einen Gebirgsbach hindurch aufspüren und verfolgen konnte. Er konnte über schulterhohe Schneewehen springen, ohne müde zu werden, und er war immer ganz Ohr für jedes Wort, ja den Hauch eines Wortes von seinem Herrn. Aber vor allem war er ein Freund, und Llewllyn widerstrebte es, ohne seinen besten Freund an der Seite jagen zu gehen.

Llewellyn rief noch immer, und Gelert kam nicht, also war der Prinz gezwungen, den Burghof mit seinen anderen Hunden zu verlassen. Das Wetter war schlecht. In diesen entlegenen Regionen bedeutete ein Wildschwein oder ein Hirsch im kargen und kalten Winter ein Fest, aber die Tage waren kurz, und man durfte keine Zeit verschwenden.

Die ganze Landschaft sah verhungert aus – von den Bäumen waren nur noch Skelette ihrer sommerlichen Gestalten übrig, die Berge waren bleich von Schnee.

Die Wölfe wurden jeden Tag dreister, wagten sich immer näher an menschliche Behausungen heran, um im Abfall nach Knochen zu suchen. Doch der Winter konnte Llewellyns Glück nicht trüben. Er war ein froher Mann. Sein neugeborener Sohn und Erbe war stark und gesund und seines Vaters Augenstern. Wähend Llewellyn voranritt, stellte er sich vor, wie es wäre, mit seinem Sohn auf die Jagd zu gehen, mit seinem kleinen Dafyd an der Seite.

Auf dem Nachhauseweg war er halb tot vor Hunger und Kälte. Er freute sich, als er die Burgmauern erblickte; er freute sich auf ein prasselndes Feuer und ein warmes Abendessen. Doch am meisten freute er sich, als er Gelert sah, den gescheckten schlanken irischen Wolfshund, der über die Zugbrücke sprang, um ihn zu begrüßen. Guter, wunderbarer Hund, ausgezeichneter Gelert.

Doch irgendetwas war seltsam an seinem Gang – irgendwie gedrückt und elend. Und irgendetwas stimmte nicht mit seiner Schnauze, die normalerweise so schön sauber und grau war. Die Barthaare klebten an seinem Maul, und an seiner

Nase glänzte etwas Klebrig-Rotes: Blut. Die Pfote, die er Llewellyns Steigbügel entgegenstreckte, war ebenfalls blutverschmiert.

Irgendwo in Llewellyns Brust schlug eine Tür zu und sein ganzes Sein wurde erschüttert. Er versuchte, die düsteren Gedanken beiseite zu schieben, aber er konnte sie nicht mehr abschütteln. Er sprang vom Pferd, rannte über den Hof zu den Wohngebäuden. Dabei rutschte er mit den Stiefeln auf den vereisten Steinplatten aus, mit den Fingern klammerte er sich an der Wand fest. Das Tor brauchte er nicht zu entriegeln, es war nur angelehnt. Er riss es auf, und der Anblick des gesamten großen Raums prägte sich in einer einzigen Sekunde in sein Gedächtnis ein.

Alle Wandbehänge waren herunter gezogen und die Tapeten abgerissen. Die Asche aus dem Kamin lag überall verstreut und der Korb mit den Holzscheiten war ausgekippt.

Die Wiege des kleinen Dafyd war umgestürzt, leer. Und überall war Blut. Oh Gott, das Blut. Es war Blut auf der Strohmatte und auf der Bank. Blut war auf dem Herd und den Decken, die unter dem umgekippten Kinderbettchen lagen. Gelerts Fell und Schnauze waren blutverschmiert, als er sich zu seinem Herrn aufrichtete, um ihm zärtlich das Gesicht zu lecken.

Llewellyn stieß einen Schrei aus, der kaum noch menschlich zu nennen war in seiner Verzweiflung. »Du Satan! Du Untier!«, schrie er und schubste seinen Hund weg, als handle es sich um den Teufel selbst. »Was ist geschehen, hast du geglaubt, du kannst meine Liebe für dich allein haben, du Höllenhund? Nun, hier hast du den Hass, den du verdient hast, du abscheuliches, mörderisches Biest!«

Er zog das Schwert und stach und hieb und hackte auf seinen Hund ein, bis der nur noch ein regloser Haufen blutigen Fells zu seinen Füßen war. Die ganze Zeit über schrie er seinen Hass auf Gelert heraus, auf dieses verrückte, rabiate Scheusal,

das seinen kleinen Jungen, seinen Sohn aus Eifersucht oder irgendeinem anderen tierischen Mordinstinkt zerfleischt und gefressen hatte.

Erst als er erschöpft und schluchzend auf die Knie fiel, hörte er etwas – ein leises, protestierendes Weinen. Erst glaubte er, es sich nur einzubilden, doch nein. Er drehte die Wiege um: nichts. Er drehte den Holzkorb um, und das vorher gedämpfte Geräusch sprang ihm direkt ins Gesicht.

Da lag Dafyd, schrie und schüttelte seine kleinen Fäustchen, als ob er sie zornig gegen Llewellyns Dummheit erheben wollte.

Und dann war noch ein Geräusch zu hören – der schaudernde letzte Seufzer von etwas, das da versteckt unter dem heruntergezogenen Türvorhang lag. Es war so groß, dass Llewellyn gar nicht glauben konnte, es bis jetzt übersehen zu haben – ein riesiger Wolf, zerrissen und zerfetzt von Hunderten von Bissen, aber im Tod so friedlich wie ein träumender Hund.

Gelert hatte gegen diesen Eindringling auf der Suche nach leichter Beute eine Stunde lang gekämpft. Sie hatten sich gegen die Möbel geworfen, sich nicht eine Pause gegönnt, weder zum Atemholen noch zum Lecken ihrer Wunden, sie hatten um das neue Leben in der Wiege bis auf den Tod bekämpft. Der Wolf hatte es aus Hunger getan, Gelert aus Liebe – grenzenloser, treuer, unerschütterlicher Hundeliebe zu seinem Herrn und dessen wehrlosem Kind. Es war seine Lebensaufgabe, die Lieben von Llewellyn zu verteidigen, und so hatte er sie mit seinem Leben verteidigt.

Die Tür zur Wendeltreppe öffnete sich, und Llewellyns Frau trat ein. Sie sah, dass ihr Mann das Kind hielt, das kaum größer war als seine beiden großen Hände. Und sie sah Gelert, neben dem noch das blutige Schwert lag.

»Was hast du getan?«, fragte sie.

Er blickte sie an, mit einem Gesicht voller Entsetzen und Schuld. »Das Unverzeihliche«, sagte er. »Ich habe das Unverzeihliche getan. Ich habe meinen Freund umgebracht, weil ich ihm nicht vertraut habe. Ich habe ihn dafür getötet, dass er das Leben meines Sohnes gerettet hat.«

Er drückte ihr den Säugling in die Arme und hob den Hund auf – eine große Last, die er kaum tragen konnte. Aber er ging mit Gelert zur Tür, und frischer Schnee wirbelte herein, als er sie öffnete.

»Wo gehst du hin?«, fragte seine Frau.

»Ich will ihn begraben, wie es sich für einen Freund gehört«, sagte Prinz Llewellyn.

Er trug viele Felsbrocken und Steine zusammen und errichtete daraus ein Hügelgrab, das in der kargen Landschaft aufragte wie die Grabstätte eines prähistorischen Kriegers oder Königs. Jeden Tag ging er in der bitteren Kälte dorthin, unermüdlich hob er Steine hoch und trug sie zum Hügelgrab. Seine Nachbarn waren erstaunt als sie das sahen. Sie wunderten sich auch, als sie hörten, was der Hund getan hatte, und weinten mit Llewellyn, als sie hörten, wie Gelert seine Treue vergolten worden war.

Immer wenn er für ein paar Stunden zu vergessen schien, brachte der Anblick des Hügelgrabes die Erinnerung zurück. Nachts, wenn er aus dem Fenster seines Zimmers blickte, meinte er einen riesigen Hund zu sehen, der zusammengerollt im Mondlicht schlief. Soweit es jetzt noch möglich war, tat Prinz Llewellyn alles, um den treuen Hund für seine Dienste zu belohnen: Er machte Gelert zum berühmtesten Hund von ganz Wales. Und solange er lebte, ritt er immer wieder allein hinaus in die wilde, einsame Landschaft und hörte nicht auf, nach ihm zu rufen und zu pfeifen – nach Gelerts Geist, nach Gelerts umherirrender Seele.

Tristan und Isolde

Zwölf Jungfrauen und zwölf junge Männer aus Cornwall: das war der Preis für den Frieden. Jenseits des Meeres, in Irland, verlangte König Aengus von Munster von allen kleinen Königreichen um ihn herum Tribut. Wollte jemand nicht zahlen, gab es immer noch Morolt, den Bruder des Königs, um ihn zu überzeugen. Dieser Mann war ein Rohling – er bestand mehr aus Rüstung als aus Fleisch und Blut, er fletschte mehr die Zähne, als dass er sprach. Die Könige von Wales, Cornwall und Mann schüchterte er so ein, dass sie Jahr für Jahr ihren Tribut zahlten: zwölf Jungfrauen und zwölf junge Männer. König Marke von Cornwall weinte, als er an die jungen Menschen dachte, die für den Rest ihres Lebens dazu verurteilt waren, in den Sümpfen von Irland Torf zu stechen.

Doch da stand Sir Tristan von Lyonesse auf und sprach: »Ich werde Morolt bekämpfen, mein Lord!«

»Ach, Tristan, du bist wie ein Sohn für mich«, sagte König Marke. »Was ist, wenn du den Kampf verlierst? Morolt wird in Lyonesse keinen Stein auf dem anderen lassen!«

»Dann werde ich unter neutraler Flagge und mit gesenktem Visier kämpfen. So wird niemand erfahren wer ihn herausgefordert hat!«, erwiderte Sir Tristan.

König Marke wusste, wenn der stolze Prinz von Lyonesse einmal einen Entschluss gefasst hatte, würde er keinen Rückzieher mehr machen. Also gab er Tristan ein Schiff und sandte ihn nach Irland, damit er den Kampf gegen Morolt aufnehme. Morolt war nahezu unverletzbar und unendlich stark. An seinem Gürtel hingen Trophäen von geschlagenen Männern: ein Handschuh, ein Helm, ein Schwertgriff, ein Stiefel. Gegen ihn zu kämpfen war, als würde man mit einem Küchenbeil einen Baum fällen wollen. Doch schließlich versetzte ihm Tristan einen solchen Schlag gegen den Kopf, dass sein Schwert den Helm in der Mitte sauber durchtrennte und ein Splitter der Klinge in Morolts Schädel stecken blieb. Er fiel – eine Lawine aus Metall und Leder, Gurten und Kettengliedern.

Selbst im Angesicht des Todes dachte Morolt nur an Rache. Mit seiner letzten Kraft zog er sich noch einmal hoch und warf seinen Speer nach Tristan.

»Du hast deinen letzten Atemzug vergeblich getan«, sagte Tristan, denn der Speer hatte lediglich seine Kniekehle gestreift.

»Oh nein, du namenloser Balg!«, grinste Morolt. »Glaubst du, ich habe all diese Trophäen in fairen Kämpfen gewonnen? Der Speer ist vergiftet. Ich werde zuerst sterben, aber du wirst mir bald folgen!«

Tristan hatte soeben den Bruder des Königs getötet. Er konnte sich jetzt nirgendwo ausruhen und seine Wunden versorgen. Deshalb eilte er zurück an Bord seines Schiffes. Als er zu Hause in Cornwall ankam, hatte er Fieber. Als er von seinem Sieg berichtete, konnte er kaum noch stehen. König Marke ließ im ganzen Land nach einem Heilmittel für seinen tapferen Ritter suchen, doch es schien, als sollte Morolt seine Rache bekommen.

»Schick jemanden zu Aengus«, flüsterte Tristan. »König Aengus hat eine Tochter namens Isolde. Sie ist als Heilerin in ganz Irland berühmt. Lass Isolde herbringen.«

»Ich werde jemanden zu ihr schicken, aber wird sie auch kommen?«, fragte sich

König Marke. »Wird sie kommen, um den Mörder ihres Onkels gesund zu pflegen?«

»Sie wird nicht wissen, dass ich es bin«, sagte Tristan. »Ich habe unter neutraler Flagge gekämpft, und mein Visier war geschlossen.«

Damals waren die Entfernungen über das Meer groß, und König Aengus war stolz, dass der Ruhm seiner Tochter so weit über die Grenzen Irlands hinausreichte. Die Prinzessin kam mit einem Korb voller Kräuter und Salben, als sämtliche Ärzte und Priester Tristan bereits aufgegeben hatten. Sie betrachtete ihn mit durchdringendem Blick und sagte: »Ich bin sicher, wenn er den nächsten Morgen erlebt, wird er noch lange leben.«

König Marke war auf Reisen. Seine Minister hatten ihm geraten, sich eine neue Frau zu nehmen, eine junge Frau, in der Hoffnung, dass dem verwitweten König noch ein Erbe geboren werde. Deshalb sah er die Prinzessin, die seinen Lieblingsritter pflegte, nicht. Tristan hatte hohes Fieber, er tobte und fantasierte. Er erblickte ein Gesicht, aber es erschien ihm wie ein Ungeheuer, eine Fee, eine Krähe, ein Einhorn. Und als er eines Morgens auf einem kühlen Kissen und beim Gesang eines Vogels aufwachte, war Prinzessin Isolde bereits fertig für die Abreise, gekleidet in ihren Grasumhang und den Strohhut. Sie hielt etwas hoch, das im Sonnenlicht glänzte. Ihre grünen Augen glänzten ebenfalls.

»Das habe ich aus der Wunde

im Kopf meines Onkels gezogen«, sagte sie und wedelte mit einem Stückchen Metall. »Ich hoffte immer, eines Tages das Schwert zu finden, von dem es abgebrochen ist, damit an Morolts Mörder Rache geübt werden kann.«

Tristan sah sich hastig im Zimmer um.

»Falls du nach deinem Schwert suchst – das habe ich zu den Enten unten in den Burggraben geworfen, als ich entdeckt hatte, dass dieser Splitter an seiner Schneide fehlt«, sagte Isolde.

»Du hättest mich töten können, während ich schlief.«

»Ja. Aber es schien mir Verschwendung zu sein, erst das Leben eines Mannes zu retten, um ihm dann die Kehle durchzuschneiden. Ich werde meinem Vater nichts davon sagen. Er würde es mir nicht danken, dass ich dem Mörder seines Bruders das Leben schenke. Und sollte ich Sie jemals wiedersehen, Sir Tristan, werde ich das als großes Unglück empfinden.« Dann ging sie davon – und ihr langer rotgoldener Zopf wippte auf ihrem Rücken wie eine Peitsche.

König Marke kehrte niedergeschlagen und müde zurück. Er war im Norden bis nach Schottland und im Süden bis zu den Scilly-Inseln gereist und hatte keine Braut gefunden, die ihm gefallen hätte. Als er sich den Toren der Burg näherte, watschelte gerade eine Gans aus dem Wassergraben. In ihrem Schnabel hing etwas Glitzerndes – eine Angelschnur? Eine Bogensehne? Nein. Es war ein einziges Haar, rotgolden und so lang, wie Marke es noch nie zuvor gesehen hatte.

»Das ist ein Omen«, sagte er. »Das Mädchen, das dieses Haar verloren hat, werde ich heiraten, und kein anderes.«

»Aber Sire«, protestierte sein Sekretär, »Gänse sind Zugvögel! Vielleicht ist gerade diese aus Norwegen oder Island oder gar Irland gekommen!«

»Dann beginn mit der Suche!«, erklärte Marke. »Samthandschuhe und Zaumzeug, für den Mann, der sie für mich findet!«

Also küssten die Ritter von Cornwall und Lyonesse ihrem König die Hand und machten

sich auf, das Mädchen zu suchen. Auch Tristan, geheilt von seinen Wunden, küsste Markes Hand und schwor: »Ich werde Ihnen Ihre Braut bringen. Der Himmel soll mich strafen, wenn ich meinem Lehnsherrn nicht dienlich sein kann.«

Natürlich wusste er genau, wie das Haar in den Gänseschnabel geraten war, und er wusste auch, wo er nach dessen Besitzerin suchen musste. Aber das behielt er für sich. Um diese Frau zu werben, war Herausforderung genug.

Als Tristan in Irland ankam, war das Königreich Munster in Aufruhr. Schiffe waren bis auf den Kiel niedergebrannt, die Häuser lagen in Schutt und Asche. Ein Drache hatte das Land verwüstet, und jetzt, wo Morolt tot war, gab es niemanden, der gegen ihn zu kämpfen wagte.

»Dem Mann, der das Biest tötet, gebe ich die Hand meiner Tochter!«, erklärte Aengus.

Diesmal ritt Tristan unter seiner Flagge, mit dem Wappen von Lyonesse an seinem Steigbügel. Und auch wenn das Biest eine Haut wie ein Elefant und Füße wie Stachelschweine hatte, auch wenn es Schlacken ausstieß und stank wie

verfaulter Fisch, war es schließlich doch nur ein Drache: keine große Herausforderung für den besten Ritter von Lyonesse.

Weitaus beängstigender erschien ihm der Ausdruck auf Isoldes Gesicht, als Tristan, beschmiert mit dem schleimigen Speichel des toten Drachen, vor dem Thron ihres Vaters stand. Sie konnte es bei ihrer Ehre nicht ablehnen, Tristan zu heiraten, denn er hatte mutig gekämpft, aber sie zog die Kapuze ihres Umhangs über die grünen Augen, um sich den verhassten Anblick zu ersparen. »Er hat vielleicht meine Hand erobert, aber nicht mein Herz!«, dachte Isolde.

»Nimm sie – sie gehört dir«, sagte König Aengus erfreut. »Das Mädchen hat Glück mit dir, denn du bist einer der edelsten Ritter unter der Sonne.«

»Ich nehme sie gerne«, sagte Tristan und verbeugte sich. »Aber ich möchte sie nicht für mich. Mein Lehnsherr, König Marke, möchte sie als seine Königin, und ich habe für ihn um sie gekämpft.«

Isolde löste sich aus dem Umhang, teils erleichtert, teils beunruhigt, dass sie so plötzlich mit einem Mann verlobt war, den sie noch nie gesehen hatte.

»Ist das recht, meine Tochter?«, fragte Aengus.

»Es ist recht«, entgegnete Isolde gehorsam.

Es war eine gute politische Allianz, alles in allem ein sehr zufrieden stellendes Ergebnis. Nur eine Sorge nagte an König Aengus, als er zusah, wie seine einzige Tochter das Schiff nach Cornwall bestieg. »Nimm diesen Trank«, sagte er zu der Dienerin, die Isoldes Medizinkiste aufs Schiff trug. »Sorge dafür, dass deine Herrin ihn in ihrer Hochzeitsnacht trinkt. König Marke ist alt und kein … so erfreulicher Anblick, wie er das früher einmal war. Aber dieses Getränk wird sicherstellen, dass Isolde ihren Bräutigam mit Freude anschaut. Es ist ein Liebestrank.«

Das Meer war unruhig. Das kleine Schiff wurde so lange hin und her geworfen, bis sich alle elend fühlten und in den Gesichtern grün wie irischer Klee waren. Isolde rief nach ihrer Dienerin, doch

die war zu krank, um zu kommen. Da bat sie einen der Matrosen: »Sei so nett und hol mir das blaue Fläschchen aus meiner Seekiste. Darin ist eine Medizin gegen Seekrankheit.«

Der Matrose starrte auf die verwirrende Ansammlung von Röhrchen und Fläschchen und brachte ihr das blaueste von allen. Die Prinzessin trank daraus, weil sie glaubte, es sei ihre selbstgebraute Medizin. Etwas widerwillig gab sie auch Tristan von der Arznei.

»Hier. Damit wirst du dich besser fühlen.« Sie musste zugeben, dass er sie davor bewahrt hatte, ihn heiraten zu müssen. Es musste etwas Gutes an ihm sein.

Durch den Trank fühlten sich beide besser. Tatsächlich vergaßen sie bald das sich aufbäumende grüne Meer, das ächzende, knarrende Schiff.

»Sie müssen Ihren König sehr hoch schätzen, wenn Sie eine Braut für ihn gewinnen«, sagte Isolde.

»Ich habe einen Eid geschworen«, sagte Tristan.

»Ich hoffe, diese Treue wird belohnt.«

»Und ich hoffe, dass ich sterbe, bevor ich sehe, dass er Sie küsst.«

»Ich fürchte, ich werde sterben, wenn ich von einem anderen als von Ihnen geküsst werde.«

»Aber ich habe Ihren Onkel getötet …!«

»Er hat den Tod verdient. Niemand mochte ihn. Er hatte kein Herz, und ein Mensch sollte ein Herz haben.«

»Ich hatte eines, aber ich habe es verloren«, sagte Tristan.

»Ich schenke dir meines«, sagte Isolde.

Auch wenn der Mast des kleinen Schiffes hin und her schwankte – Tristan und Isolde bemerkten den drohenden Fingerzeig nicht. Ihre magische Liebe war tiefer als die See, die sie bis jetzt getrennt hatte.

Sie konnten nichts tun. Tristans Eid verlangte, König Marke seine Braut zu bringen, und der Eid ihres Vaters verlangte, dass Isolde den König heiratete. Doch das Band der Ehe war nicht stark genug, um die Liebenden zu trennen.

Als die Dienerin später in die Seekiste sah und bemerkte, was geschehen war,

wagte sie nicht, etwas zu sagen – sie beobachtete nur alles, sorgte sich und überlegte, was getan werden könnte. Die Liebenden trafen und küssten sich, sooft sie es wagten. Sie verhielten sich diskret. Aber die Dienerin vertraute das Geheimnis der königlichen Schneiderin an, die es wiederum ihrem Ehemann erzählte. Der Ehemann fragte seine Mutter um Rat, und die klatschte es in der Versammlungshalle weiter. Ein Herold hörte davon und streute das Gerücht in alle Richtungen.

König Marke saß unterdessen oft bis spät in die Nacht an seinem Kamin und stocherte mit dem Schürhaken im Feuer herum. Er war traurig und sehr verwundert darüber, dass seine junge Frau so kühl war. Er hatte alles versucht, um sie glücklich zu machen.

»Bin ich zu alt, um auf ihre Liebe hoffen zu dürfen?«, fragte er den Sekretär.

»Vielleicht hat sie ihre Liebe schon vergeben«, antwortete der Sekretär hämisch.

Der König umklammerte den Schürhaken fester. »Du meinst, sie ist mir untreu?«

»Aber Sire! Gott bewahre, dass ich die Königin derart verleumde. Alles, was ich meine, ist: Passen Sie auf den jungen Tristan auf. Dort im grünen Wald. Am Teich.«

König Marke wollte es nicht glauben. Doch kaum war das Samenkorn der Eifersucht gesät, begann die Pflanze auch schon in ihm zu wachsen. Er musste sich vergewissern. Er ging in den kleinen Wald außerhalb der Burgmauern, zu einem hohen belaubten Baum, dessen Äste über den Teich ragten. In ihm versteckte er sich, stumm wie eine schlafende Eule, und hörte das Knacken von Zweigen, als sich zwei Personen aus unterschiedlichen Richtungen näherten.

Isolde war als Erste da. Sie hockte sich unten ans Wasser. Als sie ihre Hand danach ausstreckte, sah sie ein Gesicht widerspiegeln, zwar ein wenig verschwommen, aber es war zweifellos das des Königs!

»Meine Königin!«, war Tristans Stimme hinter ihr zu vernehmen, drängend und zärtlich.

»Ach, Sir Tristan«, sagte Isolde und erhob sich ruckartig. »Es ist so gut von Ihnen, dass sie sich die Zeit für unsere Lateinstunden nehmen.« Ihre Stimme klang scharf und geschäftsmäßig. »Ich habe so große Angst, dass mein lieber Ehemann meine Unwissenheit entdeckt, aber in Irland sind die jungen Damen einfach nicht so gebildet wie hier.«

Sie neigte ihren Kopf ganz leicht zum See. Tristan kniete nieder, um seine Hände zu waschen, und sah ebenfalls das Gesicht des Königs im Wasser schweben.

»Madam, glauben Sie mir, ich werde unser Geheimnis niemals preisgeben.«

König Marke verfluchte sich da oben in seinem Baum, dass er seiner geliebten Frau und dem edlen Sir Tristan misstraut hatte. Er war so tief gesunken und dafür so hoch geklettert. Noch Monate danach duldete er nicht, dass über einen der beiden ein schlechtes Wort gesagt wurde.

Doch die Wirkung des Tranks hielt an. Und wenn das nicht der Grund war,

dann hatten Tristan und Isolde gelernt, einander mehr zu lieben, als alle Zauberei je vermocht hätte. Bald reichten die heimlichen Zusammenkünfte nicht mehr, sie waren krank vor Sehnsucht. »Ich muss dich ganz allein für mich besitzen, *Mylady,* oder gar nicht«, sagte Tristan. Und Isolde senkte zustimmend den Kopf und gab die Krone einer Königin so bereitwillig wie einen Blumenkranz preis.

Sie flohen gemeinsam aus Cornwall in die Wälder von Lyonesse. Der Wald dort beschützte sie, die Steine dienten ihnen als Ruhekissen, und sie besaßen Millionen von Sternen. Drei Jahre lang waren sie wunschlos glücklich.

Eines Morgens, kurz vor dem Morgengrauen, träumten Tristan und Isolde vom Ozean, von einem Schiff mit schwarzen Segeln, dessen Mast warnend hin und her schwankte. Als sie erwachten, standen Soldaten aus Cornwall um sie herum, und König Marke hatte seinen Stiefel auf Tristans Brust gesetzt.

»Tristan von Lyonesse, verlasse dieses Land. Kehrst du zurück, droht dir die Todesstrafe. Isolde von Munster, wenn ein Juwel sich aus meiner Krone löst und herunterfällt, dann hebe ich es auf und verstecke es so gut, dass es für Diebe nicht mehr zu finden ist. So werde ich es von heute an mit dir halten.«

Südlich von Lyonesse, jenseits des Meeres, liegt die Bretagne. Dort lebte Tristan im Exil und weinte bittere Tränen der Verzweiflung. »Ich werde keine andere Frau als Isolde lieben«, sagte er und ließ die Worte wie Gift in seinen Becher mit Ale fallen, bis er sie mit Bitterkeit herunterschluckte.

Trotzdem heiratete er ein bretonisches Mädchen, das ebenfalls Isolde hieß: Isolde Weißhand. Sie liebte Tristan mit so sonniger Leidenschaft, dass sie glaubte, sie könnte seine Melancholie wie Morgennebel auflösen. Ihre Schönheit war so vollkommen, dass die Hälfte aller Prinzen in Frankreich in sie verliebt war, aber sie hatte ihr Herz an Tristan verloren und ihn für sich eingenommen. Als seine Ehefrau hatte sie seinen Namen erhalten und die fernen

Ländereien, die er nie mehr wiedersehen sollte. Aber auch wenn sie ihn erwärmte wie die Augustsonne, so vermochte sie doch nicht, das Eis seiner Seele zu schmelzen, die erstarrt war in der Erinnerung an Isolde von Munster. Schließlich zerstörte seine Kälte auch ihr Glück, und sie führten eine düstere eisige Ehe.

»Wir hätten den Mann töten sollen, bevor er überhaupt einen Fuß nach Britannien gesetzt hat!«, erklärten ihre enttäuschten Verehrer, die Mitleid empfanden und den Mann aus Lyonesse ablehnten.

»Ich wünschte, das hättet ihr getan«, seufzte Isolde in einem unbedachten Moment.

Es war viele Jahre her, seit Morolt mit einem vergifteten Speer auf Tristan gezielt hatte. Der Speer, der ihn am nächsten Tag traf, war mit einem anderen Gift getränkt: Neid. Er schleppte sich nach Hause zum Schloss seiner Frau, und als sie ihn fand, flammte ihre alte unerwiderte Liebe wieder auf. Sie tat alles, um sein Leben zu retten, pflegte ihn Tag und Nacht. Aber seine Seele entwand sich ihr, blieb unerreichbar, so wie sie es immer gewesen war.

Schließlich beugte sie sich nah an sein Ohr und flüsterte: »Soll ich sie herkommen lassen?«

Zum ersten Mal hellte sich seine Miene auf. »Allein ihr Anblick würde mich zum Leben erwecken«, gab er zu und lächelte sie so liebevoll an, wie er es noch nie getan hatte. »Aber sie wird nicht kommen. Marke wird es ihr nicht erlauben. Oder ihre Liebe ist tot … so wie ich tot bin ohne sie. Bitte die Schiffsbesatzung, bei der Rückkehr eine weiße Flagge zu hissen, wenn sie an Bord ist. Und eine schwarze, wenn nicht.«

Als Isolde den Brief erhielt, zeigte sie ihn sofort ihrem Mann und sagte nur: »Ich muss zu ihm gehen.«

Er sah ihr an, dass es die Wahrheit war und er nickte zustimmend.

Ihr rotgoldenes Haar, das im Wind des Kanals wehte, war leicht ergraut. Ihre Hände, die den Kräuterkorb umklammert hielten, zitterten.

»Setzt die weißen Segel. Ihr könnt die weißen Segel setzen!«, rief sie dem Kapitän zu, immer und immer wieder.

»Kommt sie noch nicht?«, fragte Tristan immer wieder.

»Am Horizont ist ein Schiff zu sehen.«

»Sind die Segel weiß oder schwarz?«, fragte er und versuchte sich zu erheben, sich wenigstens aufzusetzen.

»Aus dieser Entfernung kann ich das nicht sagen.«

Sie sah, wie seine Augen strahlten bei dem Gedanken, Isolde von Munster zu sehen, wie er sich mit jeder Faser seines Daseins nach der Irin sehnte. Warum hatte er sie nicht so lieben können: sie, seine ihn liebende Ehefrau?

»Oh, jetzt sehe ich es«, sagte Isolde Weißhand. »Sie kommt also doch nicht. Die Segel sind pechschwarz.«

Als das Schiff endlich die Küste erreicht hatte hob Isolde von Munster ihre grünen Röcke an und eilte den ganzen Weg vom Hafen zum Schloss. »Lebt er noch? Bin ich rechtzeitig gekommen?«

Isolde Weißhand stand ruhig am Fenster, den Blick auf das Meer gerichtet. Ein Arm hing schlaff über der Bettkante, die Knöchel streiften den Fußboden.

»Leider nicht, *Mylady*«, sagte Tristans Ehefrau. »Mein Mann ist in der letzten halben Stunde gestorben.«

Sie drehte sich um, um die Wirkung ihrer Worte zu genießen, und erschrak. Denn ihre Rivalin lag tot am Boden, ihr Herz so unbelebt wie ein Vogelkäfig, den man zu schließen vergessen hat.

Als König Marke vom Tod Tristans und Isoldes hörte, ordnete er an, beide in Lyonesse zu begraben, Seite an Seite. Bald wuchs aus den Gräbern wilder Wein und verschlang sich ineinander, so zärtlich und dicht, dass man unmöglich sagen konnte, wo die eine Rebe endete und die andere begann.

Das Königreich von Lyonesse ist versunken – überflutet von einer Trauer, so tief wie der Ozean. Doch die Fischer draußen in ihren Booten, ganz unten an der Landzunge von Cornwall, hören an stürmischen Tagen manchmal Kirchenglocken schlagen. Einige sagen, sie klängen wie Totenglocken, aber andere sind sicher, dass sie zu einer Hochzeit rufen.

Die Geschichte vom Weidenmuster

Groß war die Macht der Mandarine im alten China und groß war auch ihr Reichtum. Einer dieser hohen Beamten hatte seinen Amtssitz in einer zweistöckigen Villa, die umgeben war von blühenden Pfirsichbäumen.

Die Gärten bildeten ein Paradies aus Teichen und Blumen, Brücken und Pavillons. Die pflegte der Mandarin aber nicht selbst. Wann immer sein Sekretär, Chang, keine Briefe zu schreiben und keine Summen zu addieren hatte, wurde er in den Garten geschickt, um zu schneiden oder zu graben. Chang beschwerte sich nicht. Er liebte den Garten mit seinen Goldfischen und den üppig blühenden Blumen, und schon bald war er ein ebenso ausgezeichneter Gärtner wie Sekretär.

Doch die teuerste Blume in diesem Garten war für Chang die Tochter des Mandarins, Lotusblüte. Deshalb durfte sie sich nur im Haus und im Garten aufhalten. Sie war von großer Schönheit, und er achtete auf sie, wie auf eine glänzende Münze in einer Geldkassette, in der Hoffnung, sich damit einen reichen Schwiegersohn zu kaufen.

Genau wie Chang liebte Lotusblüte es, auf der reich verzierten Brücke zu stehen und den Goldfischen zuzusehen, die unter ihnen herumschwammen.

Insgeheim liebte sie es aber noch viel mehr, in die dunklen Augen von Chang zu sehen.

Einmal, als ihre beiden Spiegelbilder nebeneinander im Wasser zu sehen waren, sagte Lotusblüte: »Oh! Hast du gesehen, wie dieser kleine Fisch genau durch mein Herz geschwommen ist und danach durch deins? Ich habe es richtig gespürt, hier in meiner Brust. Hast du nichts empfunden?«

Chang umklammerte das Brückengeländer. »Ach! Wie kann ein einfacher Sekretär mit der Tochter eines Mandarins über die Liebe sprechen, die durch sein Herz schwimmt?«

Da wusste Lotusblüte, dass Chang ihre Liebe erwiderte. Jeden Tag versuchten sie alles, um sich in verborgenen Winkeln des Irrgartens oder auf ihrer Brücke zu treffen. Und wenn sie nicht zusammen sein konnten, dann baten sie die Vögel im Garten, winzig zusammengerollte Liebesbriefe in ihren winzigen Schnäbeln zu befördern.

Eines Tages schrieb Lotusblüte: »Rette mich, Chang! Mein Vater hat einen Ehemann für mich gefunden, der so alt ist wie eine Schildkröte und doppelt so hässlich!«

Alle Zaghaftigkeit wich von Chang. Er pfiff die Vögel herbei und trug ihnen auf, folgende Nachricht zu überbringen: »Morgen treffen wir uns unter dem blühenden Orangenbaum und versprechen uns ewige Liebe! Niemand wird uns jemals auseinander bringen!«

Hand in Hand legten sie ihre Schwüre ab, die durch die wohlriechenden Blüten hindurch zum Himmel drangen. Und wer saß oben an seinem Fenster? Der Mandarin. Die zärtlichen Worte machten ihn wütend und er lehnte sich über die Brüstung und brüllte: »Geh, nutzloser Chang! Verlasse mein Haus! Wie kannst du es wagen, mit meiner Tochter auch nur zu sprechen, du Habenichts! Sie ist Ta Jin, dem Kaufmann, versprochen. Er wird sie innerhalb einer Woche zur Frau bekommen!«

Gerade als die Weide begann, ihre schlanken Blätter zu verlieren, wurde Chang verbannt, und die Tränen von Lotusblüte machten kleine Wellen im blätterübersäten See, während Hunderte von Hochzeitslaternen in dem Garten ohne Liebe aufgehängt wurden.

All die kleinen Vögel sahen sie weinen. Sie flogen Chang zu Hilfe. Er steckte eine winzige Nachricht in den Schnabel des Rotkehlchens, das sie zu Lotusblüte brachte. »Geh mit mir fort in mein Haus, das weit weg in den Bergen von Li steht!«

In dieser Nacht kletterte sie über die Äste des Orangenbaumes hinunter zu ihm.

»Die Tore des Gartens sind verschlossen, und die Mauern sind zu hoch, um hinüberzusteigen«, sagte Lotusblüte. »Verstecken wir uns in der alten Hütte auf der Insel in der

Mitte des Sees. An so einem Ort wird mein Vater mich niemals vermuten. Wenn er dann hinausgeht, um nach uns zu suchen, und die Tore auflässt, gehen wir fort.«

Hand in Hand gingen sie über ihre geliebte Brücke und versteckten sich die ganze Nacht in der Gartenhütte, wo Ohrwürmer waren und Wegschnecken mit silbrigem Schleim ihre eigene Poesie auf den morschen Brettern hinterlassen hatten.

Am nächsten Tag hörten sie, wie die Diener nach ihnen suchten und wie sie die letzten Blätter aus der Trauerweide schüttelten, während der Mandarin selbst durch den Garten stürmte und Chang ewige Rache schwor. Schließlich wurde es ruhig, im Garten wie auch im Haus. Zusammengekauert in ihrer Hütte küssten sich Lotusblüte und Chang und machten sich bereit für die Flucht.

Doch als sie hinauskrochen, fingen die Vögel bei ihrem Anblick vor Freude an zu singen. Und kurz darauf stand der alte Mandarin mit einer langen Peitsche in der Hand auf der Brücke und versperrte ihnen den Weg. »Es gibt kein Entkommen!«, rief er. »Du bist in der Falle, treuloser Chang. Bereite dich darauf vor zu sterben!«

Es stimmte. Es gab keinen anderen Weg von der Insel als über die Brücke. Lotusblüte schrie entsetzt auf.

Der Mandarin kam immer näher und schwang seine Peitsche. »Spring, Chang!«, rief Lotusblüte. »Spring mit mir ins Wasser! Wenn wir im Leben nicht zusammen sein können, dann wollen wir wenigstens im Tod zusammen sein!«

Sie traten auf die Brüstung, ein Peitschenhieb traf sie an den Knöcheln und schlitzte seidene Säume auf. Hand in Hand sprangen Chang und Lotusblüte in das Wasser unter ihnen und in den sicheren Tod …

Groß war die Macht der Mandarine im alten China. Aber noch größer war die Macht der Götter! Sie sahen herunter von den Bergspitzen, und sie liebten Lotusblüte und Chang für ihre gegenseitige Treue. Und während die Peitsche noch durch die Luft schwang an der Stelle, wo sie gestanden hatten, verwandelten die Götter die Liebenden … in Turteltauben. Einmal, zweimal umkreisen sie den Garten, flogen über die bemalten Pavillons und Pergolen, seine Irrgärten, Spaliere und Orangenhaine. Sie schwangen sich empor, stießen zwischen den Ästen hindurch wieder herab und versammelten eine Gefolgschaft um sich, wie sie dem Kaiser von China angestanden hätte: Rotkehlchen, Finken, Schwalben und Drosseln. Dann flogen sie davon – außer Sichtweite und außer Reichweite des grausamen alten Mandarins. Es heißt, sie hätten weit entfernt ihr Nest gebaut, in den Bergen von Li, und wenn der Himmel am Morgen blau erstrahlt, dann erzählen die Götter ihre Liebesgeschichte, in spiralförmigen Bildern von wolkenweißer Glasur.

Ganz bestimmt haben auch die Töpfer, weniger begabt als Götter, die Liebenden seitdem geehrt – mit der blauweißen Glasur des Weidenmusters.

Mein Bruder Jonathan

Da stand David, kaum den Kinderschuhen entwachsen, mit dem abgeschlagenen Kopf in der Hand, er konnte ihn kaum halten. Bekleidet war er mit einem Schäferumhang und Sandalen – er trug keine Rüstung, kein Schwert und keinen Helm –, und an seinem Gürtel war eine Steinschleuder befestigt. Der König war beeindruckt. Hatte dieser Bursche wirklich den Riesen Goliath besiegt, den großen Krieger und Glücksbringer in der Armee der Philister?

Wenn König Saul beeindruckt war, dann war sein Sohn, Prinz Jonathan, sprachlos vor Bewunderung. Er fand, er habe noch nie so etwas Wunderbares gesehen wie David, Sohn des Isai, der den Blut tropfenden Kopf des Goliath in seiner Hand hielt.

Nach einem solchen Triumph konnte David der Riesentöter nicht einfach wieder nach Hause zum Schafehüten geschickt werden. Man einigte sich schnell darauf, dass er an des Königs Seite bleiben sollte, an seinem Tisch essen und dem Kreis seiner Feldherren beitreten würde. Niemand freute sich mehr darüber als Jonathan, denn zwischen den beiden entstand sofort eine Freundschaft, sie war so schnell gekommen wie ein Blitz, der zwei Bäume zusammenschweißt. Von da an waren sie unzertrennlich, wie zwei Flüsse, die zusammenfließen. Jonathan gab

David seine feinen Kleider, sein Schwert – und sogar seinen besten Bogen.

David hatte eine Begabung für die Musik – ebenso wie für das Erschlagen von Riesen – was ihn am Hofe König Sauls in doppelter Hinsicht wie einen Gottgesandten erscheinen ließ. Denn der endlose Krieg mit den Philistern strengte den König an. Musik erfreute ihn; der Anblick des Harfe spielenden David tat ihm besonders gut.

Mit der Zeit wurde David ein großer Feldherr. Wie die Menschen dem ansehnlichen jungen Helden zujubelten, wenn er als Anführer einer siegreichen Armee wieder zu Hause einmarschierte! »Saul hat Tausende getötet, aber David hat Zehntausende getötet!«, sangen sie.

Mit diesen Worten begann es. Das waren die Worte, die in König Sauls Kopf widerhallten wie aneinanderschlagende Glocken, bis er dachte, sein Schädel würde zerspringen, und die Hände vors Gesicht schlug. Dummerweise sandten seine Minister David zu ihm, um ihn mit Musik zu beruhigen. Saul blickte ihn zwischen seinen Fingern hindurch an, und das, was er sah, tat ihm nicht mehr gut: Er sah einen Rivalen, einen Verschwörer, eine Bedrohung. Das Volk liebte diesen Jungen mehr als ihn. Selbst sein eigener Sohn liebte David mehr als …

Saul nahm einen Speer und warf. Er landete neben Davids Kopf in der Wand und zitterte genauso, wie der König vor Wut zitterte.

David lief davon. Er fragte nicht lange, was er eigentlich getan habe, er rannte einfach. Jonathan fand ihn, aufgeregt und mit bleichem Gesicht entschuldigte er sich für seinen Vater. »Geh nicht fort!«, flehte er. »Auf mich hört er. Ich kann ihn immer umstimmen.«

»Aber du bist sein Sohn!«, sagte David. »Du kannst dich nicht auf meine Seite stellen gegen deinen eigenen Vater!«

Jonathan umklammerte die Handgelenke seines Freundes und brachte ihre beiden Gesichter so nahe zusammen, dass sich ihre Haare berührten. »Zuallererst bin ich dir treu. Nichts und niemand wird mir jemals wichtiger sein, das schwöre ich dir.«

Beim Abendessen fragte Jonathan seinen Vater: »Was hat David getan, was hat dich so verärgert, Vater? Ich bin sicher, er hat nicht absichtlich …«

»Er ist ehrgeizig. Er will Macht. Meine Krone will er.«

»Nein, Vater. Ich kenne David. Er verehrt dich als den von Gott gesalbten König über Israel.«

Die roten Schwaden des Zorns verschwanden aus Sauls Kopf, und er war beschwichtigt.

David wurde wieder aufgenommen, und der Klang seiner Harfe ließ Seufzer der Erleichterung im gesamten königlichen Hause vernehmen.

Doch Sauls Wahn kehrte bald zurück, und wieder stand Jonathan als Vermittler zwischen ihnen und versuchte, das Desaster abzuwenden.

Es konnte nicht lange gutgehen. Das nächste Mal, als Saul seinen Speer gegen David warf, streifte er dessen Wange, und der Hass hinter dem Wurf verletzte

David tief in seiner Seele. Er wagte nicht einmal, nach Hause zu flüchten, sondern versteckte sich in den Feldern in der Nähe des Palastes und wartete darauf, dass Jonathan kam, so wie er es immer tat.

»Diesmal will er mich töten«, sagte David.

»Nein, nein! Diese Laune geht vorüber.« Tränen lagen auf Jonathans Wimpern, als er den Kratzer auf Davids Wange berührte. »Halte dich hier versteckt. Morgen früh komme ich her und übe Bogenschießen. Wenn meine drei Pfeile in deiner Nähe aufkommen, kannst du herauskommen: dann hat Vater Vernunft angenommen. Wenn ich über deinen Kopf hinausschieße … Aber so weit wird es nicht kommen. Das wird es nicht und darf es nicht.« Doch der Tonfall, in dem er das sagte, war eher flehend als sicher. Seine Hand auf Davids Arm zitterte.

Beim Essen legte Jonathan ein gutes Wort für den abwesenden David ein. Seine Augen glänzten vor Zärtlichkeit, als er von dem Freund sprach. Saul fuhr plötzlich von seinem Stuhl hoch. »Du! Du interessierst dich mehr für diesen Emporkömmling und Verräter als für dein eigen Fleisch und Blut! Das ist widernatürlich – und gefährlich! Er hat dich gegen mich aufgehetzt. Vor einem solchen Freund muss man dich bewahren. Es ist höchste Zeit, dass man dich von seinem schlechten Einfluss befreit. Es ist Zeit, dass er stirbt!«

David hockte zusammengekauert, frierend und elend in einer Felsspalte und wartete auf Jonathans Zeichen. *Twang!*, flog der Pfeil, und noch einmal: *twang!* Die gefiederten Pfeile schwirrten über Davids Kopf durch die Luft und sanken schwer in die Erde hinter ihm, und ebenso schwer wurde sein Herz. Denn das war das Zeichen fortzugehen, wegzulaufen. Von heute an würde er der Erzfeind des Königs sein, aus der Familie des Königs verstoßen – getrennt von des Königs liebem teuren Sohn.

David wartete in seinem Versteck, bis Jonathan erschien, um sich endgültig von seinem Freund zu verabschieden. Sie fielen sich um den Hals und weinten und versuchten gar nicht erst, ihre Gefühle zu verbergen.

»Ach, Jonathan, du warst der beste Freund, den ein Mann haben kann. Ich werde dich nie vergessen.«

»Ach, David. Ich schwöre dir, selbst wenn alle Welt gegen dich wäre, wäre ich immer noch dein bester Freund. Du bedeutest mir mehr als mein eigenes Leben.«

»Und ich schwöre dir auch, dass du und ich niemals Feinde sein werden.«

»Schwöre es noch einmal!«, sagte Jonathan und lachte unter Tränen. »Dann musst du gehen. Vaters Leute suchen dich schon. Sie haben den Befehl, dich zu töten.«

Danach gab sich Saul ganz und gar seinem Wahnsinn hin. Sein Hass auf David war so groß, dass er mehr Mühen darauf verwandte, ihn zu verfolgen, als auf den Krieg, den er führte. Seine Truppen, die die falsche Zielrichtung erkannten,

desertierten in Scharen, um ihrem Helden David zu dienen. Schon bald hatte David eine ansehnliche Armee beisammen, und das bereits vom Krieg gebeutelte Land wurde auch noch in einen abscheulichen Bürgerkrieg gestürzt.

Nur ein einziges Mal schaffte es Jonathan, an den Wachposten vorbeizukommen und sich mit David in den entlegenen Bergen von Sif zu treffen. Die beiden Männer betrachteten einander in der Abenddämmerung. »Mach dir keine Sorgen«, sagte Jonathan. »Mein Vater wird dich nicht finden. Er hat Gott beleidigt, das sehe ich, und Gott hält nicht länger seine schützende Hand über ihn. Gott will dich zum König von Israel machen. Und wenn du König bist, wer wird dann an deiner Seite sein? Ich. Dein treuer Jonathan. Vater weiß das. Er will mich bei sich behalten. Das ist nur recht: Ich bin sein Sohn, ich muss an seiner Seite bleiben. Aber er weiß, für wen mein Herz wirklich schlägt. Denk an unseren Schwur.«

»Das tue ich«, sagte David. »Freunde für immer. Du und die deinen. Ich und die meinen.«

Lange Zeit standen sie so, hielten sich umarmt, während der Mond über ihnen bleich wirkte, blutarm.

Die Philister machten das Beste aus der unglücklichen Situation in Israel. Sie wurden stärker und versammelten sich an den Grenzen, eine nicht zu übersehende Drohung. Saul musste ablassen von seinem besessenen Krieg gegen David und dem wahren Feind entgegentreten. Er spürte hinter sich eine Leere, als sei eine starke Mauer eingestürzt und würde ihn dem kalten Wind aussetzen. War selbst Gott desertiert? Stand Er jetzt auch auf der Seite Davids?

David kämpfte gerade an einem anderen Ort gegen die Philister, als ihm ein Bote eine Nachricht brachte und sie ihm zu Füßen legte wie eine Trophäe.

Die Schlacht um die Berge von Gilboa hatte der König verloren. Seite an Seite, zwischen den Speichen zerschmetterter Streitwagen und im Blutbad der Niederlage, waren beide gefallen, Saul und Jonathan. Der Bote verbeugte sich tief. Schließlich war David jetzt der König von Israel. Sicherlich würde er sich über die Nachricht freuen.

Doch David griff sich an den Kragen seines Gewands, und ein leiser, undeutlicher Ton entfuhr ihm. Er zerriss seinen Umhang, fiel auf die Knie und griff in den Staub, verteilte alles über seinen Haaren, verrieb es in seinem Gesicht. Aus dem Klagelaut wurde ein Schrei. Schließlich verließ ihn der Zorn, und David kauerte still, klein und elend auf dem Boden. Er sah den Boten mit leerem Blick aus tränenüberströmten Augen an. »Ach, mein Bruder Jonathan, bist du tot? Du hast mich mehr geliebt, als es jemals eine Frau tat. Und du bist tot? Nun, das ist das Ende. Das Ende aller Erhabenheit. Allen Glanzes.«

Als David wieder klar denken konnte, fragte er: »Ist noch jemand übrig aus dem Hause Sauls?« Er ließ Nachforschungen anstellen. Die Nachrichten waren trostlos. Von all den Menschen am Hofe König Sauls waren nur noch zwei am Leben: ein Diener namens Ziba und ein kleiner Junge.

»Das Kind ist nur ein Krüppel, mein Herr«, berichtete der Kundschafter.

»Er ist als Säugling auf den Boden gefallen. Beide Füße sind lahm. Sein Name ist Mefi-Boschet – er ist Prinz Jonathans Sohn.«

Ziba wurde geholt. David forderte ihn auf: »Nimm alles, was dem toten König gehörte – das Haus und alle Habseligkeiten. Sie gehören dir. Ich werde nichts anrühren, das schwöre ich.«

Dann wurde Mefi-Boschet vor den König David zitiert. Der Junge warf sich ungeschickt zu Boden, er fürchtete um sein Leben, denn er war der einzige überlebende Verwandte von Saul, der so oft versucht hatte, David zu töten.

David ging zu ihm und half ihm aufzustehen. Er war ein komischer kleiner Kauz, mit verkrüppelten Füßen und kaum entwickelten Beinen. David sah dem Jungen ins Gesicht. Vielleicht entdeckte er Spuren von Jonathan in diesen dunklen, ängstlichen Augen.

»Mefi-Boschet, du sollst alle Ländereien bekommen, die deinem Großvater, dem König gehörten. Und du sollst an meinem Tisch sitzen und mein Brot mit mir teilen. Für den Rest deines Lebens.«

Mefi-Boschet blickte ihn verwundert an. »Aber warum?«

David lächelte. »Freunde für immer. Du und die deinen. Ich und die meinen«, sagte er und fuhr fort, während er sich erinnerte: »Dein Vater und ich haben geschworen – dass wir uns treu sein wollen bis ans Ende aller Tage. Nun, Mefi-Boschet, ich habe ihn jetzt verloren. Aber Gott hat mir dich gelassen. Und um deines Vaters willen möchte ich dich behandeln wie einen Prinzen …, wenn du mein Freund sein willst.«

»Das will ich, mein Herr!« Mefi-Boschet stieß sein Versprechen hervor. »Ich und die meinen. Ich bin dein Freund. Und Diener. Für immer.«

Harlekin und Kolumbine und auch Pierrot

Klein-Harlekin jonglierte eines Tages mit seinem Herzen. Das bekam plötzlich Flügel und flog davon. Harlekin blieb herzlos zurück.

Als die schöne Kolumbine ihn küsste, fühlte er nichts.

Der Doktor wurde geholt, er puffte und piekste. Doch Harlekins Herz fand er nicht.

Der Händler hatte Herzen aus Zinn, Samt und Leder. Aber Harlekin wollte sie nicht, denn nur ein echtes Herz kann fühlen.

Man ließ einen Dieb kommen, der schon viele Herzen gestohlen hatte. Doch der sagte: »Ich stehle nur die Herzen von Frauen. Was soll Harlekin damit anfangen?«

Kolumbine suchte und suchte nach Harlekins Herz und fand es in einem Baum, wo es sang. Sie fing es ein wie einen blutroten Schmetterling und brachte es ihm zurück. Er sollte es gut in seinem Kostüm verwahren.

»Ach, Kolumbine, ich liebe dich!«, seufzte Harlekin. »Von ganzem Herzen!« »Ach, Harlekin, ich liebe dich auch«, lachte Kolumbine. »Aber noch mehr liebe ich Pierrot!«

Harlekin hörte ein seltsames Knacken. Er sah nach, und wie sollte es anders sein, sein kleines Herz war zerbrochen. Kolumbine tanzte mit Pierrot am Arm die Straße hinunter. Klein-Harlekin blieb nur, zum Mond hinaufzusehen und zu seufzen …

Salomons Schwert

Esthers Wort stand gegen das von Miriam. Und Salomon musste ein Urteil fällen.

Die Weisheit König Salomons war auf der ganzen Welt bekannt. Denn der Legende nach hatte Salomon einmal geträumt, und in diesem Traum hatte Gott angeboten, ihm alles zu geben, was er begehrte.

»Gib mir Weisheit, Herr«, hatte Salomon gesagt. – Er muss zu dem Zeitpunkt bereits recht weise gewesen sein, um sich so etwas Weises zu wünschen. – Und Gott war über diesen Wunsch so erfreut, dass Er alle anderen, unbedeutenderen Dinge, die Salomon stattdessen hätte erbitten können, hinzufügte: Reichtum, Ruhm, Gesundheit, Begabung …

Das Königreich Judäa war unter der Herrschaft des weisen Königs erblüht, und die Gerechtigkeit seiner Urteile war legendär. Doch insgeheim hätte Salomon seine Tage lieber mit dem Verfassen von Gedichten verbracht, als täglich zeitraubenden Auseinandersetzungen zuzuhören.

Heute ging es um Esther und Miriam. Sie verstummten zunächst, als sie den Saal betraten, beeindruckt von seiner erhabenen Pracht. Kaum waren sie vor den Richterstuhl getreten, schrien sie sich jedoch schon wieder an.

»Er gehört mir, sage ich!«

»Das ist eine Lüge!«

»Deiner ist gestorben.«

»Du hast ihn mir gestohlen! Du bist gekommen, als ich geschlafen habe, hast meinen Jungen genommen und mir deinen toten dagelassen!«

Der Säugling, um den es ging, strampelte und schrie in den Armen von Malachi, dem Gerichtsdiener, der ihn vorsichtig etwas von sich weg hielt. Malachi wusste nicht, wie diese Angelegenheit entschieden werden sollte, aber sein Herr würde bestimmt eine Lösung finden. Malachi hatte König Salomon Tausende von Urteilen sprechen sehen, alle waren wunderbar weise gewesen. Wenn nur das Kind aufhören würde zu weinen.

»Ruhe in der Anwesenheit des Königs!«, schimpfte er, aber Miriam und Esther schenkten dem keine Beachtung. Salomon musste schreien, um sich Gehör zu verschaffen. »Wessen Kind ist das?«

Diese Frage brachte die beiden erneut auf, sie stritten und zankten, ihre Kopftücher glitten herunter und enthüllten zerzaustes Haar. »Er gehört mir! Bringt sie dazu, ihn mir zurückzugeben!«

»Sie ist verrückt. Sie will mir meinen Jungen nehmen! Seht ihn an! Er sieht genauso aus wie ich!«

Aber wie sollte man in diesem kleinen rosa Gesicht, das vor lauter Schreien verzerrt war, familiäre Ähnlichkeiten entdecken können? Armer kleiner Wurm: Das Kind erinnerte Salomon an ein Fuchsjunges, das nach der Füchsin wimmert.

»Gibt es irgendwelche Zeugen?«

»Nein, mein Herr«, sagte Malachi.

»Das Baby gehört mir!«

»Es gehört mir!«

»Nein, mir!«

»Es reicht!« Die Frauen erschraken und blickten sich um. »Ich habe eine Lösung«, sagte Salomon.

Malachi lächelte selbstzufrieden: sein Herr konnte wirklich jedes Problem lösen.

»Hol ein Schwert«, sagte Salomon. »Wenn ihr beide so entschlossen seid, dieses Kind zu bekommen, dann wollen wir es zwischen euch aufteilen. Ich werde es spalten, und jede kann eine Hälfte nehmen.«

Malachis Lächeln gefror und erstarb. Natürlich verdienten es die Frauen nicht besser, mit ihrem fürchterlichen Geheule und Gebrülle. Aber das Baby in seinem Arm war so ein warmes, rosiges kleines Wesen, so zerbrechlich und verletzlich! Der König konnte doch nicht wirklich … Ein Schwert wurde gebracht, denn dem König von Judäa gehorchte man einfach.

»Leg das Kind auf den Boden, Malachi«, sagte Salomon. »Der Schnitt muss sauber durchgeführt werden. Es darf keinen Streit geben darüber, wer die größere Hälfte bekommt.«

Die Frauen starrten ihn mit offenen Mündern an. Esther hatte rote Wangen bekommen, sie kochte vor Zorn. Miriam dagegen war kreidebleich, sie sah aus wie ein Geist in ihrem verblassten Kleid, stand mit halb erhobenen Händen, während sie zusah, wie das Baby auf den Boden gelegt wurde.

»Nicht auf den Teppich«, sagte Salomon, »auf den Fußboden, das Blut hinterlässt sonst Flecken.«

Malachi tat, wie ihm befohlen, obwohl seine Finger sich in den Fransen des Tuchs verfingen und er sie gar nicht mehr herausbekam. So ein zerbrechliches, rosiges kleines Wesen!

Salomon erhob sich von seinem Thron. Er nahm das Schwert in beide Hände und stand jetzt breitbeinig über dem Säugling. Malachi bedeckte sein Gesicht mit dem Ärmel seines Gewands: er konnte es nicht ertragen hinzusehen. Es war kaum zu glauben …

In der Schneide des Schwerts spiegelte sich alles: die Flammen der Kerzen, die kleinen Füßchen des Babys, das Rot von Esthers Kleid. Das Kind selbst

wurde ganz still, als ob es die Bedeutung dieses Augenblicks spürte. Salomon hob das Schwert. Seine Augen wurden schmal, als er auf das kleine zappelnde Etwas zielte.

»Halt!«

Salomon blickte Miriam verdrießlich an, als wolle er die Angelegenheit jetzt endlich hinter sich bringen.

»Lasst ihn ihr«, sagte Miriam. Ihr Gesicht zeigte allen Schmerz, der jemals, seit dem Beginn der Welt, erlitten worden war. »Sie soll ihn haben. Aber tötet ihn nicht. Nicht meinen Jungen … Ich will sagen … Er gehört ihr. Er gehört Esther. Esther kann ihn haben. Nur tötet ihn nicht. Ich flehe Euch an, mein Herr, mein König.« Sie sank zu Boden, streckte die Hände nach dem strampelnden Baby aus, dann umschlang sie ihren Bauch. »Lasst ihn am Leben. Ich ziehe meinen Anspruch zurück.«

Esther presste ihre Lippen zusammen und grinste in grimmiger Zufriedenheit.

Salomon warf das Schwert einmal in die Luft …, dann stellte er es ab und lehnte es gegen seinen Richterstuhl. Er beugte sich hinab, nahm den kleinen Jungen hoch und küsste ihn auf die Nase.

»Jetzt weiß ich, wer deine Mutter ist, nicht wahr, mein Kleiner?«, sagte er, und seine Stimme klang gar nicht mehr rau und scharf. »Nur Miriam liebt dich mit der Liebe einer Mutter. Nur Miriam liegt mehr an dir als an sich selbst.« Mit den Knöcheln seines Zeigefingers strich er über die samtige Wange, dann legte er Miriam das Baby in die Arme.

Sie kniete nieder und wiegte ihn, schaukelte vor und zurück, blickte ihren Jungen durch Tränen hindurch an.

»Soll ich diese hier einsperren?«, fragte Malachi eifrig und packte Esther am Arm. »Sie hat Schuld auf sich geladen und das Kind einer anderen Frau gestohlen. Wenigstens sollte sie ausgepeitscht werden!«

Salomon hob beschwichtigend die Hand. Malachi sah, dass die königliche Hand tatsächlich zitterte. »Malachi, Malachi. Hat sie nicht ein Kind verloren? Welcher Folterknecht könnte ihr eine noch schlimmere Strafe zufügen?«, fragte er.

Dann wischte er sich die Handflächen ab an dem wundervollen Stoff seiner klatschmohnroten Robe und ging in die kleine Kammer hinter dem Gerichtssaal, um sich seiner Dichtkunst zu widmen.

Persephone und der Fluss der Liebe

Die Sonne schien, es war heiß. Arethusa ging hinunter zum Fluss um zu Schwimmen. Sie spürte, wie das fließende Wasser sie reinigte, während sie mit geschlossenen Augen dalag und sich treiben ließ, das Gesicht dem blauen Sommerhimmel zugewandt. Die Strömung spielte mit ihrem Haar.

»Ich liebe dich, Arethusa«, flüsterte das weiße Wasser, als es ihre Ohren wusch.

»Oh!« Arethusa schwamm zum Ufer. Als sie sich hochziehen wollte, schien das Wasser sie festzuhalten, sie wieder hineinzuzerren, aber sie konnte sich befreien und rannte schnell fort.

Hinter ihr befreite sich jedoch Alpheios aus seinem Flussbett und verfolgte sie. Arethusa schrie und rannte schneller. »Ich bin zu jung zum Heiraten!«, weinte sie, aber der Fluss jagte sie weiter. Ihre Freiheit war ihr viel zu teuer, um sie aufzugeben! Außerdem hatte sie sich nie als Braut eines Flusses gesehen! Sie floh über die Felder und durch den Wald, aber der Fluss hing an ihr wie eine wehende blaue Schleppe. Seit er Arethusa einmal in seinen Armen gehalten hatte, war Alpheios sehr, sehr verliebt.

Die Göttin Aphrodite sah vom Himmel herunter, wie Arethusa weglief, und das Mädchen tat ihr Leid. Eben noch spürte Arethusa den Schweiß auf ihrem

Gesicht, während sie rannte, doch im nächsten Moment spürte sie, wie der Schweiß und ihr Gesicht sich in Wasser verwandelten, und als sie die Hände hob, sah sie, wie auch diese zu sprühen begannen. Sie war in eine sprudelnde Quelle verwandelt worden, und die fliegenden Wassertropfen verhüllten ihre weiblichen Formen wie der Nebel einen Baum verhüllt.

Alpheios floss auf und ab, hin und her und suchte Arethusa. Als er gerade aufgeben wollte, wehte eine Brise den Sprühnebel auseinander, und da stand sie: »Arethusa!«

Arethusa rannte wieder fort – sie war nicht mehr als ein Rinnsal im Vergleich zu dem mächtigen Alpheios – sprang über den steinigen Boden auf der Suche nach einem Versteck. Schließlich entdeckte sie einen dunklen Spalt zwischen zwei Felsen, drängte sich hinein und spürte, wie sie fiel, immer tiefer fiel. Ihr wässriger Körper überschlug sich, bis er endlich auf den Marmorfußboden der Unterwelt platschte.

Aufgeschreckte Geister sahen sie aus ihren Augenhöhlen an. Gespenster wichen zurück an die Wände, als sie vorbeikam. Arethusa eilte durch Säle voller Geister. Das Flüstern der vielen Seelen war lauter als der fließende Bach. So viele Tote! Sie hatte nie bemerkt, dass so viele Menschen gestorben waren und die sonnenbeschienene Welt gegen dieses Reich bedrohlicher Dunkelheit eingetauscht hatten.

Sie ließ sich direkt in das Zentrum dieses Königreiches treiben, in eine Halle mit emporstrebenden schwarzen Säulen, die mit schwarzem Flor geschmückt waren. Auf einem Thron aus Ebenholz saß Hades, der Gott der Unterwelt, und neben ihm befand sich ein gewöhnliches sterbliches Wesen. Es war kein Geist, sondern ein lebendiges Mädchen, das einen Kranz aus gewundenen Blumen trug. Hades hielt das Handgelenk des Mädchens umklammert und ließ es nicht mehr gehen.

Das Mädchen sah das Glitzern des frei fließenden Wassers, riss sich die Blumen aus dem Haar und warf sie in Arethusas Quelle. »Bitte! Bitte! Trage sie zu meiner Mutter und sage ihr, wo ich bin! Sage ihr, Hades hat Persephone. Hades hat Persephone entführt!«

Der erzürnte Gott neben ihr versuchte, Arethusa die Blumen wieder wegzunehmen, aber sie wirbelte hinaus aus dem Thronsaal und weiter durch die dunklen unterirdischen Gänge. Sie fürchtete schon, den Weg nach draußen überhaupt nicht mehr zu finden, als sie hoch über sich einen gelben Diamanten sah. Dann zwängte sie sich durch einen winzigen Spalt hinaus zum Sonnenlicht.

Wärme! Leben! Sonnenschein! Der verliebte Alpheios war vergessen. Jetzt war Arethusas einziger Gedanke, die Mutter des armen Mädchens zu finden. Dass jemand Lebendiges in diesem Furcht erregenden Reich des Todes gefangen war! Der Gedanke war kaum zu ertragen. Und so hüpfte sie über Kieselsteine und Ziegenpfade, durchquerte die herbstliche Landschaft, bis sie schließlich zu einer Lichtung kam, auf der eine Frau saß und weinte.

Das war keine gewöhnliche Frau, sondern eine Göttin. Ihr Haupt war mit Blumen gekrönt, ihre Kleider waren überzogen mit Blütenpollen und Erntestaub, und sie war verzweifelt. »Ach, wo ist nur meine Tochter? Meine kleine Persephone?«

Es war Demeter, die Göttin der Fruchtbarkeit. Um sie herum lagen die Überreste des Sommers, ein zerzaustes Elend von Bäumen, die mitleidig alle ihre Blätter von sich warfen.

»Deine Tochter ist in der Unterwelt!«, sagte Arethusa, ihre Stimme war kaum mehr als ein wässriges Flüstern. Schnell warf sie Demeter den Kranz aus Blumen vor die Füße und rief, so laut sie konnte: »Hades hält sie gefangen! Er will sie zur Braut!«

Die Göttin sprang auf. »Ich danke dir!« Es gab für sie also Hoffnung, ihre verschwundene Tochter wiederzufinden. Sie rannte den Berg hinauf, sodass ihr die

wässrige Arethusa nicht folgen konnte, und hämmerte an die Tore des Olymp. »Zeus! Ach Zeus! Vater aller Götter und Herrscher über die Erde! Hades hat meine Tochter geraubt! Mach, dass er sie zurückgibt. Mach, dass er mir Persephone zurückgibt!«

Die Stimme des allmächtigen Zeus grollte wie Donner über den Berg. »Verdient Hades nicht auch ein bisschen Glück? Er hat ein hartes Los. Soll er einsam in diesem schrecklichen Reich der Dunkelheit darben? Darf er denn keine Frau haben, die ihm Gesellschaft leistet?«

»Wenn er eine Frau will, dann hätte er ihr den Hof machen, sie aber nicht entführen sollen!«, weinte Demeter. »Wenn du ihm nicht befiehlst, sie gehen zu lassen, dann werde ich den Wein nicht mehr ranken lassen und auch die Bäume nicht mehr mit frischem Grün behängen! Ohne meine Tochter ist es mir egal, ob die Welt verdorrt und stirbt.«

Zeus war bewegt, er empfand Mitleid mit Demeter. Aber er war auch besorgt: Ohne Demeters Pflege der Gärten und Felder würde die Welt sich in eine Wüste verwandeln. Auf der anderen Seite mussten die Gefühle von Hades berücksichtigt werden.

Zeus bestellte Hermes zu sich, seinen geflügelten Boten. »Eile zur Unterwelt und sage Hades, er muss Persephone der oberen Welt zurückgeben ..., es sei denn, natürlich, sie möchte bleiben ... oder sie hat bereits seine Gastfreundschaft angenommen.«

Seine Gastfreundschaft angenommen? Das konnte alles bedeuten: ein Glas Wein, ein Stück Brot ... Arethusa sah, wie Mutter und Bote den Berg hinabliefen, hinunter zur Unterwelt. Wasser fließt leicht bergab, und jetzt konnte

Arethusa sie überholen. Sie musste wissen, was aus der armen Persephone wurde!

»Beeil dich!«, drängte Demeter den geflügelten Boten. »Hades wird versuchen, sie zu überlisten.«

Sie irrte sich nicht. Stündlich ließ Hades eine neue Köstlichkeit kommen, um seine Gefangene in Versuchung zu führen. »Erdbeeren, auf den Feldern des Elysium gepflückt! Trüffel aus der schwarzen Erde über uns! Möchtest du die nicht einmal probieren, meine Liebe? Du musst hungrig sein.«

Das war sie in der Tat. Persephone war ausgehungert. Drei Tage lang hatte sie jeden Teller, jeden Becher zurückgewiesen – zuerst hatte sie zu viel Angst, um zu essen, dann hatte sie sich zu elend gefühlt. Doch als Hades schließlich ein paar Granatapfelkerne auf dem Tisch verstreut liegen ließ, griff sie zu, ohne nachzudenken.

»Halt!« Das war Hermes, der auf geflügelten Sandalen hereinschwebte.

In Hades' Gesicht zeigte sich ein stechender Schmerz, während er sich fast trotzig von seinem Thron erhob. »Sie hat bei mir gegessen. Sie gehört jetzt mir! Du kannst sie mir nicht wegnehmen!«

»Das werden wir sehen.« Hermes öffnete Persephones schmale Finger, einen nach dem anderen. Sechs Kerne lagen noch immer auf ihrem Handteller. Sie starrte ihn entgeistert an.

»Was habe ich getan?«, fragte sie. »Ich wusste das nicht.«

»Schäme dich, Hades. Konntest du nicht eine Braut finden, ohne sie zu entführen und sie zu hintergehen?«

»Betrug?«, wiederholte Persephone, sie hatte Tränen in den Augen.

»Wie sonst hätte ich sie gewinnen können?«, antwortete Hades dem geflügelten Boten. »Schau sie dir an! Sie ist allerliebst! Sie ist vollkommen. Glaubst du, sie wäre zu mir gekommen, wenn ich sie gebeten hätte? Hier in dieses düstere Loch, wo die Sonne niemals scheint und nichts wächst, außer Moos und Schimmel? Um das Leben eines derben alten Tyrannen wie mich zu erhellen? Niemals!«

»Du hättest es zumindest versuchen können«, flüsterte Persephone.

Von zwölf Granatapfelkernen hatte sie sechs gegessen, und das genügte bereits, um ihr Schicksal zu besiegeln.

Während Arethusa alles durch ein winziges Guckloch beobachtete, bemerkte sie kaum den Geysir aus graugrünem Wasser, der in der Nähe seinen Weg nach oben suchte. Alpheios war seiner Liebe gefolgt und ebenfalls in die Unterwelt getaucht. Jetzt kam er wieder hervor, zwängte sich durch einen Spalt wie ein Krokodil durch ein Nadelöhr. Seine gewaltigen Wassermassen eilten auf sie zu.

Arethusa lief zu seiner größten Freude und Verwunderung nicht davon. Im Gegenteil, sie warf sich ihm entgegen, in seine ausgebreiteten graugrünen Arme. Schließlich hatte er es aus Liebe zu ihr sogar mit der Unterwelt aufgenommen. Und nachdem sie gesehen hatte, was dort geschehen war, verglich sie ihr Schicksal mit dem Persephones und wünschte sich nichts mehr als Liebe und Sonnenlicht und die Nähe eines anderen lebendigen Wesens.

Strom und Bach vereinten sich und flossen weiter: in gurgelnden Schnellen, weich umschleiert, wie eine Hochzeit aus Wasser.

Demeter drohte nach wie vor, die Welt zu verwüsten, sollte ihre Tochter nicht zu ihr zurückkommen. Also sprach Zeus in seiner Weisheit ein Urteil, das die untere wie die obere Welt für immer verändern würde. Da Persephone sechs der zwölf Granatapfelkerne gegessen hatte, musste sie sechs Monate im Jahr in den Gemächern des Hades verbringen, seine Einsamkeit vertreiben und zu seinen melancholischen Weisen singen. Für die restlichen sechs Monate des Jahres durfte sie zu ihrer Mutter zurückkehren und ihr dabei helfen, den Wein ranken zu lassen und die Bäume mit frischem Laub zu krönen.

Immer wenn sie fort war, herrschte Trauer. Demeter vernachlässigte ihre Arbeit, und die Bäume verloren aus Mitleid ihre Blätter. Doch sie freuten sich auf den Frühling, wenn Mutter und Tochter wieder vereint waren. Und mit der Zeit gewann Persephone ihren Halbjahres-Ehemann ebenso lieb wie ihre Mutter, denn sein Entzücken über sie schwand niemals. Auf seine seltsame Art liebte er sie mit der unerschütterlichen Liebe, die nur ein Gott zu empfinden vermag. Gelegentlich war sogar Gelächter aus der Dunkelheit zu vernehmen – tief dröhnendes und leichtes, mädchenhaftes Lachen, das wie von unterirdischen Strömen und sprudelnden Wasserfällen nach oben drang.

Der Tod des Todes

Jacks alte Mutter lag im Bett, das Gesicht war weiß wie ihr Haar, das Haar so weiß wie ihr Kissen. Er nahm ihre Hand, und ihr Puls war schwächer als das Ticken der Uhr. Sie lächelte ihn an – es war nur ein mattes Lächeln.

»Ich schätze, ich werde den nächsten Morgen nicht mehr erleben, Jack. Du warst mir ein guter Sohn, einen besseren gibt es nicht. Also gib mir einen Abschiedskuss, dann schlafe ich ein.«

»Mutter, so darfst du nicht sprechen«, sagte Jack mit einem Kloß im Hals. Er erinnerte sich, wie seine Mutter sich am Herd umgedreht hatte, um ihn zu begrüßen, wenn er aus der Schule nach Hause kam. Er erinnerte sich, wie seine Mutter ihn in den Schlaf gesungen, ihn gekitzelt hatte, um ihn zum Lachen zu bringen, ihm vorgelesen hatte, bis der Raum erfüllt war von Geschichten, wie sie ihm bei seinen alltäglichen kleinen Sorgen zugehört hatte. Er erinnerte sich an Geburtstage und Picknicks. Es gab niemanden auf der Welt, der so gut Pfannkuchen backen konnte wie sie; und niemand auf der ganzen Welt konnte ihm das Gefühl geben, so geliebt, so groß und so besonders zu sein.

»Du hast noch viele gute Jahre vor dir, Mutter«, sagte Jack. »Und ich bin nicht bereit, mich von dir zu trennen. Sprich nicht mehr vom Tod.«

»Er kommt, ob wir von ihm sprechen oder nicht«, sagte die alte Dame. »Ich höre bereits seine Schritte.« Ihre geschlossenen Augenlider flatterten.

Jack sprang von der Bettkante. Es stimmte, auch er hörte das Geräusch von Stiefeln, die über das Pflaster schlurften und immer näher kamen. Kurz darauf wurde am Schloss gerüttelt, und der Riegel stellte sich hoch. Auch Jacks Nackenhaare stellten sich auf. Er stieß die Tür auf, und vor ihm stand ein großer, ganz in Schwarz gekleideter Fremder. Ein breiter dreieckiger Hut warf einen Schatten auf sein Gesicht, aber Jack konnte erkennen, dass es sehr bleich war, mit eingefallenen Wangen und Lippen, die von der gleichen pergamentenen Farbe waren wie die Haut.

»Nicht so eilig!«, rief Jack, als der Fremde vortrat, um an ihm vorbeizugehen.

Vom ersten Schlag wurde der Eindringling gegen die Wand geworfen und er

sah Jack an – in seinem Blick lagen Erschrecken und Verwunderung. Beim zweiten Schlag ging er in die Knie. Jacks Fuß traf den Fremden an der Brust, er stieß ihn zurück durch die Tür und schloss sie so schnell, dass sie gegen ihn prallte und ein weiterer Schmerzensschrei zu hören war.

»Nicht heute, vielen Dank, Herr Tod!«, sagte Jack triumphierend und atmete schwer, während er mit seiner Schulter die Tür zuhielt.

Schweigen. Als er aus dem Fenster sah, war weit und breit nichts und niemand zu sehen – nur eine Blutspur führte zum Kirchhof.

Hinter ihm setzte sich seine Mutter im Bett auf. »Was gibt es zum Abendbrot, Jack?«, fragte sie, die Nachthaube war ihr über ein Ohr gerutscht.

Jack konnte selbst kaum glauben, was er gewagt hatte. Er hatte den Tod getötet und seine alte Mutter gerettet! Man stelle sich das vor: kein Tod mehr! Jack würde in die Geschichte eingehen als Held der Menschheit: der Junge, der den Tod getötet hatte!

Ein solcher Sieg musste gefeiert werden. Er wollte ein Hühnchen braten für seine liebe alte Mutter. Davon würde sie wieder zu Kräften kommen. Morgen hätte sich die Neuigkeit herumgesprochen, und das ganze Land würde ihn feiern, mit Banketten, Medaillen und Belohnungen! Wie stolz seine Mutter dann auf ihren cleveren Jack wäre!

Also ging er zum Hühnerhaus und jagte das fetteste Huhn von allen, packte es am Hals. Das Geschöpf hatte ein Genick wie aus Stahl! Jacks Handflächen brannten, als er versuchte, ihm den Hals umzudrehen. Er zog sein Taschenmesser heraus und versuchte, es abzustechen. Dann nahm er eine Säge, um es zu zerteilen. Am Ende hüpfte das Huhn noch

immer, sah ihn mit schief gelegtem, halbkahlem Kopf vorwurfsvoll an und stolzierte davon.

Es war ein bitterkalter Tag, zu kalt für diese Jahreszeit. Jacks Hände waren blau gefroren, als er endlich den Kampf mit dem Huhn aufgab. Er sollte zumindest den Ofen anmachen, damit es seine alte Mutter warm hatte.

Also ging er zuerst hinüber zum Waldrand, um Feuerholz zu schlagen.

»Ich habe nicht gewusst, dass es so kalt ist«, dachte Jack. Dieser Baumstamm hier ist fest gefroren. Er lässt sich nicht hacken.« Er musste aufhören und ein Bündel Reisig auflesen und nach Hause tragen. Selbst das wollte nicht brennen. Es war noch zu grün. »Sieh nach dem Feuer, Mutter, und backe uns etwas Brot«, sagte er schlecht gelaunt und marschierte wieder aus dem Haus, diesmal nahm er seine Angel mit.

Er ging zum Fluss, um einen Fisch für das Abendessen zu fangen – und fing sogar einen: eine schöne braungefleckte Forelle, die er mit einem Kescher herausholte. Doch als er mit einem Stock auf sie einschlug, um sie zu töten, hüpfte sie nur – boing! – wie ein Gummiball zurück in den Fluss. Jack heulte vor Enttäuschung.

Inzwischen hatte er großen Hunger. Er und seine Mutter mussten etwas essen, auch wenn es kein Festmahl war. Also nahm er einen Korb und ging in den Obstgarten, um die letzten Sommerfrüchte zu ernten.

Aber die Äpfel am Apfelbaum wehrten sich dagegen, gepflückt zu werden. Er hing sich mit seinem ganzen Gewicht an sie, doch die Äste gaben nicht nach. Der Baum schlug ihn – er schlug ihn! – mitten ins Gesicht, da setzte

Jack sich hin und winselte vor Schmerz und Ärger. Seine Laute wurden jedoch übertönt von einem schrecklichen Gefiepe. Im Schuppen, wo das Getreide für den Winter lagerte, fraß sich gerade eine ganze Armee von Ratten und Mäusen durch die Jutesäcke und verstreute überall Körner, eine Woge grau-schwarzer Wut. Die arme alte Tigerkatze sprang herum und schlug nach ihnen, aber offensichtlich hatte sie vergessen, wie man Mäuse fing. Obwohl Jack die Verfolgung mit Rechen und Flegel aufnahm, verschlangen sie vor seinen Augen die gesamten Wintervorräte.

Wütend und verzweifelt kehrte Jack zurück ins Haus. Zu seinem Ärger lag seine Mutter noch immer im Bett, weit entfernt davon, Brot zu backen. Sie bat ihn, näher zu treten. Ihr Gesicht war noch immer schrecklich bleich.

»Vielleicht habe ich den Tod nur verletzt«, dachte Jack. »Ich gehe lieber und mache ihn endgültig fertig.« Er nahm sein Jagdgewehr und wandte sich zur Tür.

»Ach Jack, Jack, wo willst du hin?«, fragte seine Mutter.

»Zur Friedhofsgasse. Ich will die Arbeit beenden, die ich angefangen habe«, sagte Jack düster.

»Aber Jack, was hast du getan?«, fragte seine Mutter, ihre Stimme klang sehr dünn.

»Ich habe den Tod getötet, Mama. Ich habe ihn für dich getötet – das glaube ich zumindest. Er wird hier nicht mehr herkommen und seine Nase in Angelegenheiten stecken, die ihn nichts angehen!«

Seine alte Mutter sank zurück in die Kissen. »Das habe ich befürchtet, Jack. Heute Morgen habe ich geglaubt, ich sei bereit für die Ruhe und den Frieden meines Grabes. Aber es scheint mir, als habe sich seitdem eine Tür geschlossen. Mein Sohn, du bist ein dummer Junge!«

»Ich habe das nur aus Liebe zu dir getan, Mama!«, protestierte Jack. »Wie soll ich jemals ohne dich zurechtkommen? Ich musste ihn töten!«

»Aber hast du auch den Schmerz getötet, Jack? Und hast du die Sorge getötet?«, fragte die Mutter und nahm seine Hand. »Der Tod hat seinen Platz in der Welt, genauso wie mein Nachbar. Oder wie sollen die Bäume gefällt und das Getreide geerntet werden?«

Jack starrte sie an und dachte an den Obstgarten und den Wald und den Hühnerstall und den Fluss.

»Wie willst du die Welt davor bewahren, zu alt zu werden? Oder Raum schaffen für die Neugeborenen? Wie sollen die Erschöpften zur Ruhe kommen? Den Tod kannst du nicht abschaffen, Jack, es sei denn, du schaffst zuerst den Schmerz und den Krieg und den Hunger und das Alter und die Erschöpfung und die Krankheit und all die Dinge ab, die dazu führen, dass die Menschen sich nach ihm sehnen wie nach dem Schlaf einer guten Nacht. Ach Jack, die Welt wird es dir nicht verzeihen, wenn du tatsächlich den Tod getötet hast!«

»Aber Mutter, ich habe gedacht …«

»Nein, das hast du nicht, mein Sohn. Hättest du bloß nachgedacht.« Sie drückte seine Hand. »Dummer Junge. Mein lieber, lieber Junge. Wie ich dich vermissen werde, wenn wir getrennt sind. Aber meinst du wirklich, dass ich

Angst habe vor diesem alten zerlumpten Kerl Tod? Ich habe mich sogar darauf gefreut, ihn zu treffen. Er dürfte doch ein recht interessanter Bursche sein …«

Jack rannte aus dem Haus, hielt zuvor aber kurz inne, um seine Mutter fest zu umarmen und sie auf die Stirn zu küssen. Er lief auf Zehenspitzen über den Hof und die Straße hinunter zur Friedhofsgasse, die in dichtem Schatten lag. Die Allee war vollkommen leer. Kein Leichnam, kein Umhang, kein Tod. Er fand nichts als ein paar Tropfen schwarzblauen Blutes von der Farbe des Nachthimmels.

Jack formte seine Hände zu einem Trichter und blickte sich um. »Geht es dir gut, Tod? Bist du am Leben?«, rief er.

Die toten Blätter, die von den Apfelbäumen fielen, raschelten und zischelten auf der Straße. Die Pflaumen plumpsten herunter und machten ein Geräusch wie tropfendes Blut. »Ich lebe und ticke«, sagte die Kirchturmuhr. »Ich lebe und picke«, sagte der Totengräber und jätete das Unkraut um die Gräber herum. »Ich lebe und kicke«, klapperte die Tür von Jacks Häuschen und schlug im Wind.

Als Jack sich umdrehte, sah er eine alte Frau am anderen Ende der Straße. Sie schmiegte sich in die Arme einer großen Gestalt mit einem Umhang und einem dreieckigen Hut. Die beiden steckten die Köpfe zusammen, als tauschten sie Geheimnisse aus.

Jack folgte ihnen nicht. Stattdessen setzte er sich im Kirchhof auf eine Bank. Einmal, zweimal wischte er sich die Augen mit den Hemdsärmeln; es gehörte sich nicht für einen so großen Burschen wie ihn, dass man ihn weinen sah … »Ich werde nach Hause gehen und Mutter erzählen, was für ein schrecklicher Tag … Nein, nein.« Beinahe hätte er es vergessen: Jetzt war er allein.

Er presste die Hände zwischen seine Knie, wiegte sich vor und zurück und ließ den Tränen freien Lauf. Es gibt einen richtigen Zeitpunkt für Tränen, ebenso wie für den Tod. Und die Liebe endet nicht mit dem Tod. Sie verändert sich nur und es wird ein kleines bisschen einsamer.

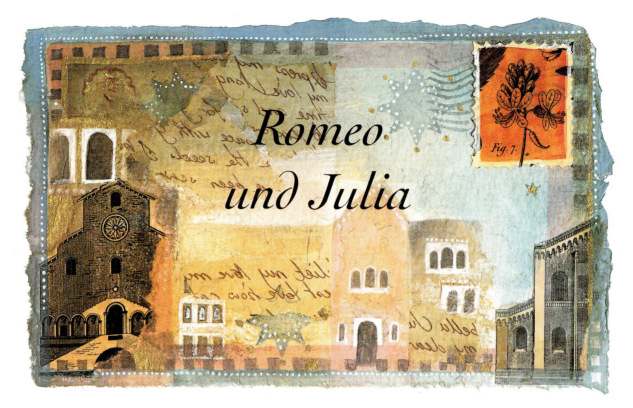

Romeo und Julia

Als es begann, war alles bunt geschmückt mit Fahnen, die Sonne schien, zu grell für die Augen, Menschenmengen schoben sich vorwärts, und es gab Musik und zu viel Wein. Romeo war verliebt, aber eigentlich war er das immer. Bei jungen Männern ist das so. Entweder kämpfen sie oder sie sind erfüllt von großer Leidenschaft.

Die Älteren sollten es eigentlich besser wissen, aber in Verona war das nicht der Fall. Die Mitglieder der Familie Capulet befehdeten sich mit den Montagues – egal, ob sie sechzehn oder sechzig Jahre alt waren: Sie bespuckten sich gegenseitig, warfen sich Beleidigungen an den Kopf, kämpften in den Straßen gegeneinander. Der Fürst hatte schon die Geduld mit ihnen verloren. Schließlich verbot er unter Androhung von Tod und Verbannung, dass auf der Straße gestritten wurde. Doch der Hass schwelte weiter in der Sommerhitze, wie ein schlechter Geruch. Keiner wusste mehr, warum die beiden Familien einander hassten, es interessierte auch niemanden. Die Montagues hassten die Capulets von Geburt an, und die Capulets wurden geboren, um die Montagues zu hassen.

Armer Romeo Montague: Er verliebte sich in Julia Capulet!

Mit seinen albernen Freunden hatte er es gewagt, uneingeladen zu einem

Maskenball im Hause der Capulets zu gehen. Romeo sah Julia – und es war um ihn geschehen. Der Rest der Welt löste sich in Wohlgefallen auf. Sie blickten sich an, und nur noch sie beide existierten, es war Liebe auf den ersten Blick.

Während Romeo seufzte und Gedichte schrieb, ging Julia das Ganze etwas pragmatischer an. Sie schickte ihre alte Kinderfrau mit einer Nachricht zu Romeo: »Ich liebe dich. Ich möchte dich heiraten. Wir treffen uns im Kloster bei Bruder Lorenzo, wenn du das auch willst.«

Der Franziskanerbruder glaubte zuerst, es handle sich nur um eine Schwärmerei – er erklärte ihnen, sie seien viel zu jung, um von ewigen Gelübden zu sprechen. Aber schon bald musste er einsehen, dass er sich irrte. Diese beiden Kinder waren einander Ein und Alles. Romeos Hass auf die Capulets hatte sich in nichts aufgelöst. Sie waren so glücklich! Julias Gesicht strahlte, als hätte sie die Sonne verschluckt.

Bruder Lorenzo ließ sich überzeugen. Er verstand, dass man sie nicht trennen konnte, und so verband er sie in der Ehe. Außerdem, so sagte er sich, könnte diese Liebesverbindung der Capulet-Montague-Fehde ein für alle Mal ein Ende bereiten.

Natürlich konnte das Paar nicht bekannt geben, dass es verheiratet war – nicht sofort jedenfalls. Diese Eröffnung musste wohl überlegt werden, damit ihre Mütter und Väter ihnen nicht allzu sehr zürnten und sie enterbten. »Haltet es für den Moment noch geheim«, riet der Mönch. »Wartet, bis ich die Nachricht diplomatisch überbringen kann.«

Doch dann begann die Freude zu bröckeln, wie ein Kuchen, der zu lange in der Sonne gestanden hat.

Auf dem Rückweg von seiner heimlichen Hochzeit begegnete Romeo seinen Freunden

Mercutio und Benvolio. Gemeinsam trafen sie ausgerechnet auf Tybalt. Tybalt Capulet! Julias Cousin! Nun, natürlich provozierte Tybalt seine Feinde, so wie ein Torero den Stier reizt, aber Romeo scherte sich nicht darum – immer wieder versuchte er zu erklären, dass er seinen Streit mit den Capulets beigelegt habe. Da er den Grund nicht nennen konnte, glotzten ihn die anderen Jungen ungläubig an. Was? War Romeo ein Feigling geworden? Hatte er Angst vorm Kämpfen? Der Marktplatz war am Mittag erhitzt wie ein Backofen. Die Gemüter waren es ebenfalls.

»Ich kämpfe gegen dich, wenn Romeo nicht will!«, rief Mercutio Tybalt zu. Schon waren die Schwerter gezogen, und Romeo versuchte dazwischenzugehen. Er hielt Mercutio fest. Tybalt nutzte die Chance und stieß sein Schwert unter Romeos Arm hindurch. Und dann starb Mercutio – dabei verfluchte er alle Montagues und Capulets.

Wenn jemals ein Fluch gewirkt hat, dann war es dieser. Romeo ergriff das Schwert seines Freundes und stieß es in Tybalts Herz. Da er das Verbot des Fürsten missachtet und mit Tybalt gekämpft hatte, wurde er aus Verona verbannt. Verbannt bei Todesstrafe.

Romeo rannte zum alten Bruder Lorenzo und stieß seinen Kopf gegen die Wand, bis er blutete. Er wollte sich nicht helfen lassen, sein Leben sei vorbei, sagte er. Was bedeutete schon der Schmerz des Todes im Vergleich zu dem Schmerz, von Julia getrennt zu werden? Lorenzo musste ihn an den Ohren ziehen, um ihn zur Vernunft zu bringen. »Solange es Leben gibt, gibt es Hoffnung, Junge! Solange es Leben gibt, gibt es Hoffnung!«

Sie einigten sich, dass Romeo die Stadt noch vor dem Morgengrauen verlassen sollte, er würde nach Mantua gehen und dort auf weitere Nachrichten warten. Weder konnte Julia ihn dorthin begleiten noch würde Romeo zurückkehren können. So blieb ihm nur eine Nacht, die er mit seiner Angetrauten verbringen konnte, bevor er Verona verließ.

In der Zwischenzeit hatte Julia natürlich erfahren, dass ihr geliebter Cousin tot war – von Romeo ermordet. Als Romeo abends heimlich über den Balkon zu ihr kam, war sie wütend und hämmerte mit Fäusten und Fußtritten auf ihn ein: »Tybalt war wie ein Bruder für mich! Wie konntest du das tun, du Mörder! Ich hasse dich!« Er packte sie an den Handgelenken, sie sank gegen seine Brust,  und sie küssten sich. Von Hass war nicht mehr die Rede.

Romeo blieb, bis die Morgendämmerung durch das Fenster drang, dann küssten sie sich noch eimmal, und Romeo verließ sie. Er versprach, Julia nach Mantua zu holen, sobald er Arbeit und einen Ort zum Wohnen gefunden hätte.

Julia stand noch immer am Fenster und starrte hinaus … ins Nichts, als ihre Eltern hereinplatzten. Sie sagten, sie hätten gute Nachrichten. Um der Traurigkeit über Tybalts Tod ein weitaus glücklicheres Familienereignis entgegenzusetzen, hatten sie einen Entschluss gefasst: Julia sollte heiraten! Sie war mit keinem Geringeren als dem Grafen Paris verlobt worden.

Natürlich versuchte sie abzulehnen. Ihr Vater wurde wütend angesichts ihrer Tränen und ihres Flehens. Er drohte, sie zu verstoßen, wenn sie noch ein Wort dagegen sagen würde. Schon am nächsten Morgen sollte sie verheiratet werden, ob sie wollte oder nicht.

Natürlich lief sie zu Bruder Lorenzo. Natürlich sagte der, er würde helfen. »Solange es Leben gibt, gibt es Hoffnung«, erklärte er ihr. »Solange es Leben gibt, gibt es Hoffnung.«

Nun war Bruder Lorenzo in seinem Kloster ein Apotheker. Er hatte ein großes Talent für die Zubereitung von Tränken und Medizin aus einfachen Kräutern und Mineralien. Also mischte er einen Trank, der dazu dienen sollte, Julia vor der Hochzeit mit dem Grafen zu bewahren. Der Trank würde Julia aller Lebenszeichen berauben – er würde sie wie tot aussehen lassen. Es war ein starkes, furchterregendes Gebräu, aber Julia wollte es am Abend bereitwillig trinken, als handle es sich um Erdbeerlikör.

Sobald sie gegangen war, setzte sich Lorenzo hin und schrieb an Romeo in Mantua, um seinen Plan zu erklären. Dass Julia der Heirat mit dem Grafen Paris entkommen werde, indem sie vorgab zu sterben. Sie würde von ihrer trauernden Familie in der Familiengruft beigesetzt werden und dorthin solle Romeo kommen – am besten, bevor Julia erwachte und sich zwischen all den Skeletten und Spinnweben wiederfände. Sie könnten sich zusammen fortstehlen und ein neues Leben beginnen; vielleicht nicht die ideale Lösung, aber wo Leben sei …

Die tapfere Julia nahm den Trank genau nach Anweisung und schlief ein – sie fiel in einen so tiefen Schlaf, als wäre sie auf den Grund des tiefsten Meeres gesunken.

Als ihre Kinderfrau und ihre Mutter kamen, um sie zu wecken – »Aufwachen, Julia! Heute ist dein Hochzeitstag!« –, fanden sie sie bleich wie Fischbein und kalt wie tiefes Wasser.

Während sie weinten und wehklagten, lächelte Bruder Lorenzo vor sich hin und dachte, wie glücklich sie eines Tages sein würden, wenn sie die Wahrheit erführen. Er wusste, dass Julia keineswegs tot war und noch bevor die Nacht hereinbrach mit ihrem wahren Ehemann, mit ihrem Romeo vereint wäre.

Doch der Brief an Romeo erreichte nie sein Ziel. Es gibt immer wieder unglückliche Zufälle. Briefe gehen verloren oder sie erreichen den Adressaten zu spät. Weit weg in Mantua erfuhr Romeo deshalb nichts von Lorenzos Plänen, dafür aber von Julias plötzlichem Tod.

Er ritt zurück, halb wahnsinnig vor Trauer, zum Friedhof von Verona und hielt auf dem ganzen Weg nur einmal, gerade lange genug, um ein Fläschchen

Gift zu kaufen. Graf Paris war noch auf dem Friedhof und trauerte um seine verstorbene Braut. Romeo eilte einfach an ihm vorbei.

Er stieg in die Gruft hinunter, seine Schritte knirschten auf den staubigen Stufen. Julia schlief noch. Dank Bruder Lorenzos großartigem Trank sah sie tot wie Stein aus. Romeo verabschiedete sich von Julia, nahm dann sein Fläschchen mit dem Gift und trank es aus, ohne mit der Wimper zu zucken.

Allmählich hatte die Wirkung des Schlaftrunks nachgelassen, und Julia wachte auf. Sie fand Romeo neben sich, genau wie der Plan es vorgesehen hatte. »Romeo? Wach auf, mein Geliebter! Du bist eingeschlafen, während du auf mich gewartet hast. Wach auf, Liebster!«

Doch als sie ihn berührte, war er leblos – leblos wie der Tod.

Sie nahm seinen Dolch und stieß ihn sich in die Brust. Es gab kein Weinen und kein Wehklagen. Ein letzter Kuss noch und dann war es still, nur das Huschen der Ratten war zu hören.

Bruder Lorenzo fand die beiden Liebenden.

Als die Eltern ihre toten Kinder sahen, wurde die Fehde zwischen den Capulets und Montagues in einer Flut von Tränen weggeschwemmt. Sie hatten zu viel gemeinsam, als dass sie fortfahren konnten, einander zu hassen. Niemand war mehr froh. Die Dunkelheit und der Schrecken dieses steinernen Ortes verfehlten nicht ihre Wirkung; sie spürten nur die Kälte, eisige Kälte.

Am Anfang war Hitze, am Ende Kälte.

Vielleicht aber war der Himmel mit Fahnen geschmückt, um Julia und ihren Romeo willkommen zu heißen. Vielleicht ist es auf den Straßen des Himmels immer warm und bunt und lachende Menschen jubeln beim Anblick von Liebenden, die für immer vereint sind.

Der Palast der Liebe

Schah Dschahan hatte viele Frauen, so wie es sich für einen Kaiser der Moguln gehörte. Aber nur eine liebte er wirklich und das war Mumtaz-Mahal. Sie war schön wie ein Stern, und er glaubte, dass sie wie alle Sterne für immer strahlen würde. Doch eines Tages ging das Sternenlicht in Mahals Augen aus. Sie starb in seinen Armen, und er glaubte, in ewiger Dunkelheit zu versinken.

Weinen half nichts, denn Tränen würden sie nicht zurückbringen. Zorn half nichts, denn Wüten würde sie nicht zurückbringen. Wenn der abnehmende Mond über ihm aufging, verfluchte er ihn, denn der Mond würde bald in seiner vollen Gestalt wiederkehren, aber Mahal nicht. Warum mussten alle Menschen sterben? Und die einfachsten Lehmsteine, die in der Ziegelei zum Trocknen lagen, überlebten die Hände, die sie hergestellt hatten.

Da kam ihm eine Idee, wie Mahals Schönheit für immer erhalten bleiben konnte. Schah Dschahan begann zu bauen.

»Baust du mir einen Palast?«, fragte sein habgieriger Sohn Aurangsib.

»Errichtest du einen Tempel für Gott?«, fragte sein lieber Sohn Shikoh.

Doch das Gebäude, das sich aus dem Staub der Stadt Agra erhob, war

größer und wundervoller als jeder andere Tempel oder Palast. Es schien über dem Boden zu schweben, und an seinem Fuße trafen sich vier Flüsse, so wie die vier Ströme, die mitten im Paradies zusammenfließen. Die weißen Marmorwände trugen erlesene Einlegearbeiten aus bunten Edelsteinen. Als der zunehmende Mond über dem Taj Mahal aufging, wirkte er wie die Krönung eines vollkommenen Kunstwerks. Kurz, Schah Dschahan hatte das schönste Denkmal der Welt gebaut. Seine Liebe zu Mumtaz-Mahal hätte in nichts Kleinerem untergebracht werden können. Nichts Geringeres hätte seine unaussprechliche Trauer ausgedrückt.

Doch es sollte noch schlimmeres Leid über ihn kommen. Schah Dschahans Sohn Aurangsib entmachtete seinen Vater und nahm ihn gefangen. Er ließ seinen Bruder Shikoh töten und brachte großes Unglück über Agra und das gesamte Reich.

Aus seinem Fenster im Gefängnis des Roten Forts aber konnte Dschahan immer noch das Taj Mahal sehen. Die Fenster blinkten ihn im Sonnenlicht an, die edelsteinbesetzte Kuppel pulsierte wie ein Herzschlag in den graublauen, fahlen Sonnenuntergängen. Die heitere Gelassenheit des Taj Mahal erfreute sein armes Herz. Es sprach zu ihm von Liebe, so wie es Mumtaz-Mahal getan hatte. Es sprach zu ihm vom Paradies.

Ein sterbender Mann, der das Paradies vor Augen hat, braucht sich nicht zu fürchten. Ein Gebäude überdauert einen Menschen. Bald schon war Dschahan tot, ebenso wie Mahal. Aber durch das Taj Mahal bleibt ihre Liebe in Erinnerung, bis heute. Und bis heute spüren Liebende, die den zunehmenden Mond über dem Taj Mahal aufgehen sehen, wie die traurige Welt sich in Licht verwandelt, und sie erkennen das Wesen wahrer Liebe.

Über die Geschichten

Die Erste Familie
Dieser Mythos von der Insel Madagaskar im Indischen Ozean ist eines jener »Tabus«, die erklären, welche Beziehungen in einem geschlossenen Gesellschaftssystem wichtig sind. Er zeigt die Bedeutung der unterschiedlichen Gefühle, die alle gleichermaßen stark und mit dem einen vagen Wort – Liebe – belegt sind.

Antonius und Kleopatra
Als William Shakespeare in den Jahren 1606–1607 dieses Stück, sein leidenschaftlichstes, schrieb, bezog er sich auf die Schriften von Plutarch, der versucht hatte, historische Fakten zu dokumentieren. Vor ihrer Liebesaffäre mit Antonius hatte Kleopatra auch das Herz seines Amtsvorgängers Julius Cäsar erobert, indem sie sich in einen Teppich gewickelt bei ihm eingeschmuggelt hatte.

Hero und Leander
Die Geschichte von Hero und Leander erzählte man sich im Alten Griechenland. Die Meerenge, die damals Hellespont hieß (heute Dardanellen), war nach der mythischen Prinzessin Helle benannt, die vom Rücken eines geflügelten goldenen Widders (später Jasons Goldenes Vlies) ins Meer stürzte und ertrank. Lord Byron, ein Dichter aus dem 19. Jahrhundert, rühmte sich damit, dass er es, genau wie Leander, geschafft habe, den Hellespont zu durchqueren.

Unverzeihlich
Dies ist wahrscheinlich das bekannteste Volksmärchen in Wales. Aber diese Version wurde erst um 1790 durch einen schlauen Bewohner des Ortes Beth Kellarth bekannt gemacht. Der Wirt des Royal Goat Inn kannte die alte Geschichte, fügte den Namen des Hundes und den Prinzen Llewellyn wegen des Lokalkolorits hinzu und errichtete mit Hilfe des Küsters ein Hügelgrab. Das Royal Goat florierte, und die Stadt wurde schon bald in Beth Gelert (Gelerts Bett) umbenannt, da die Touristen in Schwärmen kamen, um sich an den Steinhaufen zu stellen und zu weinen. Das tun sie noch heute. Niemand weiß genau wann und wo wirklich ein Baby von einem Hund gerettet wurde.

Tristan und Isolde
Tristan und Isolde (oder Iseult) ist eine irisch-keltische Legende, aus der Opern, Literatur und Dichtung in ganz Europa entstanden sind. Sir Thomas Malory baute sie ein in seine Sammlung von König Artus-Sagen, aber sie existierte bereits lange davor – in einem ganzen Zyklus von Geschichten, genannt der *Ulsterzyklus,* der leider nicht vollständig überliefert wurde. Die Liebenden sind Vorläufer von Lancelot und Guinevere, ihre Wurzeln haben sie in der noch älteren irischen Geschichte von Deirdre und Noisi.

Die Geschichte vom Weidenmuster
Im 18. Jahrhundert liebte man in Europa alles, was chinesisch war, und Töpfer wie Thomas Turner begannen, Geschirr mit pseudochinesischen Mustern herzustellen. Damals wurde das Weidenmuster erfunden. Leider steckt kein echter chinesischer Mythos dahinter, und es gibt keine »richtige« Interpretation des berühmten blauweißen Musters. Es wurden allerdings viele Geschichten erfunden, um die Figuren und Gebäude, die Pflanzen und Vögel zu erklären.

Mein Bruder Jonathan

»… deine Liebe ist mir wundersamer gewesen, als es Frauenliebe ist.«

So klingt Davids Klagelied für Jonathan im Buch Samuel. Nach Sauls Tod wurde David (Autor der Psalmen und der vermeintliche Vorfahr von Jesus) der zweite König von Israel, ungefähr zwischen 1000 und 960 v. Chr.

Harlekin und Kolumbine und auch Pierrot

Arlecchino und Colombina waren Figuren der italienischen Commedia dell' Arte des 16. Jahrhunderts. Von Italien kamen sie zur französischen, später zur englischen Pantomime. In jedem Stück erschienen dieselben Charaktere, und der Slapstick, die Komik war wichtiger als die Handlung. Die hier beschriebene Szene soll die vergnügte, bittersüße Atmosphäre von Harlekins und Kolumbines surrealer Welt zeigen.

Salomons Schwert

»… denn sie sahen, dass die Weisheit Gottes in ihm war, Gericht zu halten.«

Dies ist der biblische Schlusssatz im Buch der Könige zur Geschichte Salomons und des Kindes. Der Vorfall ereignete sich etwa um 1000 v. Chr. Interessanterweise taucht die gleiche Geschichte in der chinesischen Literatur des 14. Jahrhunderts auf, nur dass das Kind in die Mitte eines Kreidekreises gesetzt wird und die Frauen aufgefordert werden, an ihm zu ziehen. Salomon, Davids Sohn, war der Erbauer des ersten Tempels in Jerusalem und möglicherweise der Autor des *Hohelieds,* eines weiteren Buches des Alten Testaments, das reich an Bildern der Liebe ist.

Persephone und der Fluss der Liebe

Der griechische Mythos von Persephone und Demeter ist sehr viel bekannter als die kleine Liebesgeschichte von Alpheios und Arethusa, die damit verschränkt ist. Sie diente als Erklärung für den seltsamen Verlauf des Alpheios, des längsten Flusses in Südgriechenland, der viele Meilen unterirdisch fließt, bevor er wieder das Tageslicht erblickt. Auch Arethusas Quelle ist ein berühmtes Wahrzeichen: sie befindet sich auf der Insel Ortygia, in der Nähe von Syrakus.

Der Tod des Todes

Dieses Märchen entstammt einer Reihe von englischen »Jack«-Geschichten, in denen der Held am Anfang immer etwas Dummes anstellt, aber dann seinen Fehler durch Tapferkeit, List oder Geistesgegenwart wiedergutmacht.

Romeo und Julia

Die berühmteste Liebesgeschichte der Welt erschien zuerst 1476 im *Novellino* des Masuccio von Salerno und wurde 1562 von Arthur Brooke neu erzählt. Auf seiner Version basiert Shakespeares Stück von 1597. Seitdem wurde diese Geschichte immer wieder aufgegriffen in Opern, Ballettstücken, Filmen und dem Musical *West Side Story*. Die Stadt Verona rühmt sich bis heute damit, die echte »Heimatstadt« von Romeo und Julia zu sein.

Der Palast der Liebe

Die Stadt Agra liegt am Fluss Jumna in Indien und war im 17. Jahrhundert die Hauptstadt des Reiches der Moguln. Mumtaz-Mahal starb 1631 im Alter von 38 Jahren. Ihr Mausoleum wurde zwischen 1632 und 1648 von Bauhandwerkern errichtet, die aus weit entfernt liegenden Ländern wie Italien und der Türkei kamen. Die Edelsteine, die seine Wände und Kuppeln zierten, wurden alle gestohlen, aber das wunderschöne Bauwerk ist geblieben. Man glaubt, Schah Dschahan hat das Taj Mahal nach den Beschreibungen des Paradieses im Koran gestaltet. Vielleicht hat er es nicht allein für seine Frau errichten lassen, sondern auch als einen Akt der Lobpreisung seines Gottes.